项目资助： 本研究为国家社会科学基金一般项目（15BJL041）和辽宁省社会科学规划基金重点项目（L14AJL011）的阶段性成果

中国社会参与的阶段性演进与评价指标体系研究

——以公民参与社区治理为例

袁晖光　范思凯　著

重庆大学出版社

内容提要

本书以权利、利益和责任三个横向维度，国家、市场和社会三个纵向维度为基础构建了社会参与评价的理论分析框架和社会参与评价指标体系，论证了社会参与的阶段性演化及其路径变迁的实质是以权利、利益和责任为基础的国家、市场和社会关系的深刻变化。基于上述指标体系以公民参与社区治理为例进行评价发现，我国当前社会参与出现的主要问题既包括表面意义上的社会参与的动力和能力问题，也包括深层次的公共权力的非契约化问题、政府主导的道路选择问题、社会参与的非制度化和无序问题，以及社会参与的代表性问题。最后从权利保障、利益维护和责任培育三个维度提出公民与政府在社区治理中角色的重新定位、公共权力契约化的机制建设、从“独打保龄球”到共舞的艺术、提升社会参与权利意识和参与能力、利益分享是有效参与动力以及构建保障公民有序参与制度等六点建议。

图书在版编目(CIP)数据

中国社会参与的阶段性演进与评价指标体系研究 ：以公民参与社区治理为例 / 袁晖光，范思凯著. -- 重庆 ：重庆大学出版社，2020.3

ISBN 978-7-5689-2092-6

Ⅰ.①中… Ⅱ.①袁…②范… Ⅲ.①公民—参与管理—社区管理—研究—中国 Ⅳ.①D669.3

中国版本图书馆 CIP 数据核字(2020)第 061594 号

中国社会参与的阶段性演进与评价指标体系研究

——以公民参与社区治理为例

袁晖光　范思凯　著

策划编辑：尚东亮

责任编辑：尚东亮　　版式设计：尚东亮

责任校对：谢　芳　　责任印制：张　策

*

重庆大学出版社出版发行

出版人：饶帮华

社址：重庆市沙坪坝区大学城西路 21 号

邮编：401331

电话：(023) 88617190　88617185(中小学)

传真：(023) 88617186　88617166

网址：http://www.cqup.com.cn

邮箱：fxk@cqup.com.cn (营销中心)

全国新华书店经销

重庆俊蒲印务有限公司印刷

*

开本：720mm×1020mm　1/16　印张：8.5　字数：122 千

2020 年 3 月第 1 版　　2020 年 3 月第 1 次印刷

ISBN 978-7-5689-2092-6　定价：35.00 元

前　言

中国的转型在本质上是重塑国家与社会、国家与市场之间关系的复杂实践过程。因此,十八届三中全会提出国家治理体系和治理能力现代化的改革总目标,要求政府、市场和社会依法共同参与国家治理,要求不断扩大公民依法有序参与政治经济和社会事务。为了对这一历史实践有一个深入客观的描述,本研究对转型这一伟大历史实践进行检验分析,来探究国家、市场与社会关系的深刻变化对社会参与进程的影响。同时,围绕着权利、利益和责任三大主线对国家治理现代化进程中的社会参与展开了相关研究。这一研究为研究我国社会参与阶段性演进与评价指标体系奠定了重要基础和前提。

将社会参与的阶段性演化作为一个分析框架来研究我国社会参与的实践历程、演化特征及其评价指标是一个全新的课题。本研究力求通过理论研究、社会调查和实践检验,在全体成员共同努力的基础上促成以下三个目标:

一是通过将社会参与内在演化的机理同我国转型社会渐进式发展实践特色相结合,在理论预设和实践检验的基础上,形成一个全新的理论研究框架。

二是运用全新的理论框架对我国社会参与的阶段性演进及其路径变迁进行描述分析,梳理总结不同阶段社会参与的主要成因、核心特点以及当前阶段我国社会参与的复杂性和融合性。

三是设计出一套符合中国现阶段发展特征的社会参与评价指标体系,既能反映公民个体全面发展的需要,也能体现国家和社会对公共秩序目标的要求。

四是通过理论分析框架,利用形成的指标体系对我国社会参与社区治理的实践进行分析评价,总结社会参与社区治理存在的问题,提出推进社会参与的政策建议,为我国社会参与的理论研究与实践提供参考与借鉴。

新中国成立以来,中国进入了从传统社会向现代社会转型的历史时期。社会转型使国家与社会的关系发生了巨大变化，其中最为突出的表现是公共权力的结构重新调整和本质属性的转型，即从传统权力的强制属性向现代权力的契约品格转换，公共权力契约品格的合法性只能来自社会成员对公共事务的广泛参与，公共权力的契约性使得社会参与成为公共权力运行的合法性基础。与经济社会转型的特定阶段相适应，我国的社会参与也经历了由传统向现代转型的历史时期。本研究从中国社会整体转型视角切入，以改革开放之前30年、改革开放至党的十八大的30多年和中国特色社会主义进入新时代三个历史节点，深刻剖析了不同历史阶段社会参与的主要特色，并整合了国家与社会关系理论、社会契约理论、公共权力转型理论、社会自治理论、公共选择理念等理论基础，理论充分结合实践，运用全新的理论分析框架和相关指标体系重点探讨和分析了我国社会参与社区治理中存在的若干问题并提出了对策建议。力图表明，在推进国家治理体系和治理能力现代化的历史进程中，社会参与的权利、利益和责任三大主题在新时代彼此交织、相互影响、相互促进。社会参与的权利保障、利益维护和责任培育是三个有机统一的整体，缺一不可。只有以公民利益需求为出发点，以社会参与权利全面保障为基础，大力培育公民的责任意识和责任精神，才能充分调动和激励公民积极参与国家的政治经济和社会事务，推进国家治理体系和治理能力的现代化进程，最终实现全面深化改革的总目标。本项目研究除前言外，共分七部分，内容与逻辑如下：

第一部分是研究的逻辑起点。包括研究背景和意义、国内外研究的现状与发展趋势，其中对社会参与社区治理和社会参与评价指标体系的研究文献进行了较为充分的梳理，旨在既有研究基础上总结归纳分析借鉴，发现新的问题，找到新的方向。在此基础上，进一步明确了本研究的思路和方法以及可能的创新与下一步继续研究改革的方向。

第二部分是研究的理论分析平台和基本概念的界定。在理论基础方面，关于权利的研究充分借鉴了社会契约理论、公民权利理论、社会自治理论；关于利益的研究则运用了公共选择理论；而关于责任的研究采纳了协商民主理论并创新了公共权力转型理论以及国家与社会关系理论;尤其是通过对社会参与理论的历史演进和对社会参与理论的历史检索,从公共权力的契约维度和公共权力转型的视角论述了公民直接参与社区治理的理论基础,并在此基础上构建了公共权力转型的理论分析框架。在基本概念界定上,重点抓住社会参与、参与权利、参与利益、参与责任以及社会治理五个贯穿全文的名词进行了分析和界定。

第三部分是本研究的重点章节。提出了我国社会参与的阶段性演化及其路径变迁,并将其作为本书的分析框架来研究。从理论和实践相结合的角度将新中国成立以来我国社会参与经历的过程分为权利确立阶段、利益维护阶段和责任回归阶段,并对每一阶段的时间跨度、实践过程以及事件特点进行了深入分析。在些基础上,论述了进入新时代社会参与出现了融合性和复杂性特征。

第四部分是在社会参与阶段性演进的分析框架下研究我国社会参与的评价指标体系。指标体系的设计秉承理论联系实践、简洁易懂和可操作性强的原则,设计了权利保障、利益维护和责任培育三个一级指标,以及法律制度、利益相关性、公共意识等 9 个二级指标和若干三级指标;并对每个指标的选取、考虑因素从为什么、是什么和怎么办进行了逻辑分析和论述。

第五部分是基于社会参与社区治理领域进行的分析评价。转型期社会参与社区治理的必然性分析,主要从理论和实践两个角度针对社区公共权力的合法性的基础、市场经济和市民社会的推动、公民权利和公民精神的体现、有限政府的内在要求以及信息技术与电子政府实践提供技术保证、解决政府失灵和市场失灵的需要等五个方面详细阐述了我国社会参与社区治理的必要性。接下来比较对照分析,对比了中外两个社会参与社区治理的案例,评析了我国社会参与社区治理中存在的问题。目的是通过实际的案例来佐证上一部分我国公共权力转型时期社会参与出现的问题,并借鉴西方社会参与社区治理的经验,使第三、四部分的分析框架和评价指标更具实践价值。

第六部分是社会参与社区治理中的问题和对策分析。主要从公共权力"契约化"的转型等理论视角重点分析了社会参与社区治理中的种种问题。既包括表面意义上的社会参与的动力和能力问题，也包括深层次的公共权力的非契约化问题、政府主导的道路选择问题、社会参与的非制度化和无序问题，以及社会参与的代表性问题；由于传统国家公共权力管理社区的理念、方法、手段仍然在发挥主导作用，因此社区公共权力并未实现真正意义的转型。社区参与中的权利保障、利益维护和责任引导不到位是当前社会参与社区治理中存在问题的主要因素，严重制约了社会参与权利的实现，阻碍了我国公民社会的形成和民主政治的发展。经过理论分析并结合国内外的实践经验，立足于权利保障、利益维护和责任培育提出了六点建设性意见。先是在理念层次，对公民与政府在社区治理中的角色进行了重新定位，突显公民社区治理主体的地位，政府作为有效的动员者和支持者，对推动社会参与和社区建设应该发挥重要的作用。然后有针对性地提出了公共权力契约化的机制建设、从"独打保龄球"到共舞的艺术、提升社会参与权利意识和参与能力、利益分享是有效参与动力、构建保障公民有序参与的制度等具体对策。

第七部分是启示与反思。从需求与供给的经济学视角分析了转型时期公众参与的需求现状，指出了当前政府的制度供给已经不适应社会参与的需求变化，进一步明确了政府的角色定位，政府应该是引导者、扶助者与规范者。在研究的最后，面向国家治理现代化的要求，总结了权利保障是扩大公民有序参与的前提和基石、利益维护是扩大公民有序参与的关键和动力、责任培育是扩大公民有序参与的导向和归宿，既是本文的逻辑起点，也是本研究的价值和方向所在。

上述七个方面的内容基本涵盖了我国社会参与的阶段性演进与评价指标体系研究所要涉及的一些主要问题。从研究社会参与的现状来看，本研究属于总结性、创新性研究。研究内容涉及新中国成立 70 年来社会参与波澜壮阔的实践历程、与不同时代相对应的社会参与发展阶段、转型时期或者进入新时代后社会参与主体指标等问题，都是目前研究不多的话题。项目组成员通过调查问卷、访谈调查、文献资料研究、个案分析评价等方式方法，努力创作，形成了

《我国社会参与的阶段性演进与评价指标体系研究——以社会参与社区治理为例》这样一部研究报告,对推进当前我国社会参与的理论研究和实践发展有一定的借鉴价值。

本研究所涉及的“社会参与”主题并不鲜见,甚至可以说研究者众多。但基于阶段性演进的视角纵向梳理我国社会参与的实践历程并形成学理逻辑还缺乏可借鉴的成型经验和参照研究,是研究者长期思考和积淀的结晶,某种程度上也是多年成果的整理与集合。包含了早期发表的一些言论文章,也大量借鉴了既有研究的精华成果。从这一点而言,本研究具有阶段性总结的特征,同时也开启了新的研究路径。目前的研究报告还只能是初步的成果,其中的一些观点和逻辑思路难免有不足之处,诚恳欢迎各位专家、学者批评指正。

袁晖光　范思凯

2019 年 11 月

目　录

第一章 绪 论

第一节 研究背景与意义

一、研究背景

十八届三中全会提出国家治理体系和治理能力现代化的改革总目标，要求政府、企业和社会依法共同参与国家治理，要求不断扩大公民依法有序参与政治经济和社会事务。国家治理现代化进程中扩大社会参与应围绕着权利、利益和责任三大主题来展开。权利保障是社会参与社会治理的基石和前提，利益维护是扩大社会参与的关键和原始动力，责任精神是扩大社会参与的导向和归宿。

新中国成立以来，随着市场经济和民主政治的发展，国家与社会的关系发生了深刻调整和重大变革。公民社会开始从基层自治发轫，不断扩大的社会参与成为社会治理的突出特征和必然要求。新中国成立 70 年的发展道路已经表明，扩大有序社会参与是民主政治发展和社会治理日益复杂化的必然选择，同时，公民有序参与社会治理，也是促进我国经济社会可持续发展的动力源泉。在这里，笔者尝试从社会参与的权利、利益和责任三个维度来考察中国社会参与社会治理所走过的道路并展望社会参与未来发展的趋势。

改革开放是中国进入社会转型的基本标志。社会转型是由传统主义模式向有中国特色社会主义模式的变迁，是社会、政治、经济和文化体制及其运行机制的重新选择与更替。社会转型使国家与社会的关系发生了巨大变化，其中最为突出的表现是公共权力的结构重新调整和本质属性的转型。基于此，既要维护公共权力依法合理运行又要实现社会参与权利的社会参与国家治理也呈现出新的态势和问题。如何在公共权力转型的情况下，实现公民的和谐有序参与以保证改革开放的顺利进行、民主政治的稳步推进、经济社会可持续发展，特别是公民自由的全面发展，就成为我国推进社会参与实践中面临的一个重大研究课题。随着国内外社会参与治理实践的不断创新，理论界对社会参与进行研究的文献也开始不断涌现，但从中国经济社会转型的角度对社会参与的研究还比较缺乏。有鉴于此，本书以社会参与阶段性演进逻辑视角来审视社会参与社区治理中存在的问题和对策研究。相信这一探求和尝试能对社会参与理论和国家治理现代化理论研究有一定的学术价值，对社会参与社会治理的实践也会具有一定的实际意义。

二、研究意义

社会参与成为广泛的社会行动和热门的政治话语是 21 世纪初以后的事，特别是 2003 年以后发生的一系列公众强烈要求参与的事件，使社会参与越来越成为中国的社会热点和焦点问题。课题组经过多年研究，在广泛实地调查的基础上对我国的社会参与形成以下认知：

第一，扩大公民有序参与既是推进国家治理体系和治理能力现代化的内在要求，也是中国社会可持续发展的动力源泉。“以人为本”科学发展观始终强调尊重人民的主体地位，发挥人民首创精神，做到发展为了人民，发展依靠人民。我们应该改变惯有的政府主导视角，从扩大公民有序参与的角度去贯彻“以人为本”的科学发展观。改革开放的伟大历史实践已经证明，中国的经济发展和政治进步只有与人民群众共命运,不断扩大社会参与,才能焕发出强大的生命力、创造力和持续发展的动力。

第二,新中国成立以来,我国社会参与的发展路径同中国经济社会发展的历史实践基本上是吻合的。大致经历了权利确认、利益维护和责任觉醒三个阶段。作为渐进式转型的典型国家,中国的发展虽说稳健但也面临着原有的问题和矛盾还没有完全解决,新的问题和矛盾层出不穷。新旧矛盾和问题交织累积,这是我们改革进入"深水区",也是各种社会矛盾集中暴发的内在逻辑。这种矛盾和困境在当前我国经济社会发展的各个领域都有所体现。社会参与也不例外。进入 21 世纪,我国的社会参与已不仅是体现权利保障和利益维护的特征,已经开始向责任觉醒阶段过渡。在这一转型的特殊阶段,三者是相互交织的复杂状态。从目前情况来看,一方面,大部分社会参与的最主要目的是出于自身利益诉求和合法权益保障,他们通过各种途径参与或影响国家政策的制定,以期新的政策可以及时维护自己的利益;另一方面,一部分处于社会中上层和新兴社会阶层的公民已经不仅仅囿于自身的利益而开始关注社会的公平、正义以及民主政治的种种问题,体现出强烈的公共责任意识。

第三,在进入 21 世纪的特殊转型时期,社会参与的权利、利益和责任三大主题相互交织产生共振,表现为社会参与的热情日益高涨,需求不断增加;而现阶段社会参与的制度供给与保障明显滞后于社会参与的需求增长,这也是造成当今中国社会各种矛盾的一个重要因素。如何适应人民群众的新期待,积极依靠大众政治参与的力量化解人民内部矛盾,深化社会管理体制改革,促进社会平安发展,成为新的历史条件下我国经济社会发展必须深入探索和解决的重大问题。

第四,党和政府对公民有序参与的认识是一个逐渐深化的过程。尤其是进入 21 世纪以来,党和政府日益意识到扩大公民有序参与不仅是时代的需要,也是解决中国改革进程中各种问题的一个重要途径。所以,从党的十六大开始强调扩大公民有序的政治参与。但实践中不可避免的对社会稳定和秩序的冲击又使一些决策者心存忌惮。因而一些政府推动公众参与的动力严重不足。虽然我们看到公众参与在一些实践层面已经做起来,但我们看到的景象都是一些孤立的点,而没有连贯的面。参与都是一些断断续续的片段,没有成为各部门普遍存在的常规制度。其实无论是国家、社会还是公民个体都愿意趋近于理性化,但是如何趋近需要政府和民间长期智慧教育和博弈过程。双方都需要知道对方的边界博弈才能够有理性的界限。就现阶段而言,社会参与应该按照既符合公共秩序目标又符合个体全面发展的方向发展。

第五,中国的发展正处在一个特殊的转型时期,社会参与的权利、利益和责任三大主题在这个特殊阶段彼此交织、相互影响、相互促进。新中国成立 70 年社会参与所走过的道路已经表明了,社会参与的权利保障、利益维护和责任培育是三个有机统一的整体,缺一不可。我们应该从权利、利益和责任三个维度来考量不断扩大有序社会参与。课题组将通过对我国社会参与的阶段性演化进行重新梳理,研究社会参与同我国经济社会发展变革的大背景相契合的阶段性进化脉络及其内在特征,探讨转型特殊时期社会参与的权利、利益和责任相互交织的复杂性和现实性,总结社会参与演化的内在机理和趋势,提出有建设性的理论思想和策略,形成一个全新的社会参与理论分析框架,用理论去有效指导实践。在把握社会参与整体的时代特征基础上,坚持符合公共秩序目标和个体全面发展的原则,通过设计具体的评价指标体系,希望能够客观公正地评价我国若干领域的社会参与乃至社会参与个案的综合效果,为国家、社会和公民个人的决策和行动实践提供参考和借鉴。

第二节　文献综述与评价

一、目前国内外研究的现状和趋势

纵观近些年来以社会参与为主题的研究文献，真可谓浩若烟海，可以从不同角度进行总结梳理。总的来看，涉及社会参与点的和面的研究较多。点的研究主要从个别典型案例出发研究社会参与，有重庆市“麻柳经验”，[1]，青岛市社会参与城市治理案例[2]，浙江省温岭市民主恳谈会[3]，厦门 PX 事件[4]以及从许霆案看社会参与下的法治进步[5]等，研究文献丰富且涉及领域广泛，政策导向体现明显。从早期的公共政策、社区建设（村民自治与居民自治）、环境保护、地方治理、立法与预算等领域，到近几年政策关注的绩效评估、公共服务、政务公开、公共危机或群体性事件中的社会参与研究，反映了社会参与的实践和研究向更宽广的领域和更深层次发展。文献繁杂，这里不再赘述。横向比较研究，介绍国外经验的文献也日益增多，马骏、罗万平社会参与预算：美国地方政府的经验及其借鉴[6]；本杰明・尼尔森、柯蒂斯・伍德、谭锐改革的反响：美国地方政府形态对社会参与策略的影响[7]；迪尔特・格诺若、托马斯・海贝勒、邵明阳德国的行政改革——以社会参与及公共部门与私人部门之间关系为例等[8]。

纵向研究的较少，研究社会参与阶段性演化及其评价体系则更缺乏。较早的有杨群红的新中国公民政治参与的历史发展，着重描述新中国民主政治发展的历程[9]。中国社科院发布的《中国政治参与报告（2011）》认为，改革开放以来，中国公民政治参与大致经历了四个发展阶段。1979—1981 年为第一阶段，中国公民的政治参与带有明显的“转折期”特征。1982—1994 年为第二阶段，中国公民的政治参与带有重要的“路径选择”特征。1995—2003 年为第三阶段，中国公民的政治参与带有明显的“创新”参与方式特征。2004 年以来为第四阶段，中国公民的政治参与在科学发展观的引领下，向“制度化”和“法治化”发展，在选举参与、人民团体与群众自治组织参与、政策参与、接触式参与等参与领域都出现了一些重要的变化。社科院的报告可视为第一本国家权威机构发布的中国公民政治参与蓝皮书。[10]但此报告关于社会参与阶段的划分涉及的时间跨度较短，仅仅是改革开放30年来的时间。另外，社科院的分类过于具体，实践描述较多，理论指导欠缺，尤其是对中国现阶段及未来社会参与的指导价值。在社会参与评价体系方面，中国政法大学蔡定剑教授的研究团队对中国基层公众参与的评价使用了这样一个评价体系：代表性，透明度和责任，成本和可持续性，参与的效果和存在的问题。总之，这方面的研究还相当缺乏，处于起步阶段。

在早期的文献当中，国外研究大多从公民权利、从政治民主化的角度来研究社会参与。比如，卢梭在《社会契约论》中将公民权利的存在视为国家权力的来源，公民权利是前提和基础，正是因为公民权利的让渡和授权，公共权力才具有权威和约束力，因此，社会参与是一切合法权力的来源，社会参与是公共权力合法性的体现。相关的参与理论还有国家与社会关系理论，多中心自主治理理论以及罗伯特·达尔的多元民主理论等。近年来国外研究开始关注社会参与的形式和效果。阿恩斯坦按照非参与、象征性、实质性三个标准，把社会参与的形式分为八种，主要有：操纵、治疗、告知、咨询、安抚、伙伴关系、授权和公民控制。OECD把参与的主要形式概括为三种方式：告知、咨询和积极参与，是一个从低级到高级逐步发展的过程。我国的一些研究机构也在采用这种形式推进社会参与。如何对社会参与效果进行评价，目前的研究主要集中于确立评估框架，确立评估标准以及评估的测量。其主要代表是托马斯的《公共决策中的社会参与：公共管理者的新技能与新策略》。罗威（Rowe）和费威尔（Frewer）在《社会参与的方法：一个评估框架》和《评估一个协商性会议》中提出了评估的9个一级指标和若干个二级指标。欧文（Renee A. Irvin）和斯坦斯伯里（John

Satnsbury）在《社会参与决策：是否值得？》中提出从过程和结果两个方面来评估社会参与和政府之间的优势和不足。①[11]

二、社会参与社区治理文献

社会参与社区治理是当前理论和实践研究的一个热点问题，相关的文献资料也日益丰富，归纳起来可以分为四类。

第一类，关于社会参与的理论介绍。在早期的文献当中，大多从公民权利的角度来研究社会参与，比较典型的是卢梭的《社会契约论》。卢梭从公民权利的角度出发来论述公共权力，认为公共权力合法性的来源和基础是公民权利。社会参与是一切合法权力的来源，社会参与是公共权力合法性的体现。相关的参与理论还有国家与社会关系理论，多中心自主治理理论以及罗伯特·达尔的多元民主理论等。当代我国研究社会参与理论较为系统的文献有李图强的《现代公共行政中的社会参与》[12]，孙柏瑛的《当代地方治理：面向21世纪的挑战》[13]等著作，以及万俊人的《市场经济与民主政治——从经济伦理的角度看》[14]等文章。

第二类，关于公共权力转型的理论。主要有刘金国、陈金木的《当代中国民主政治的法治化——以政权与治权为视角进行考察》，论述了传统社会的权力在运行中表现出的典型的强制性特征[15]。还有些学者则主要是从现代性的角度，论述现代权力的属性。认为在经济的理性化、行政管理的科层化和公共领域的自律化的基础上，现代性在社会整体的运行和管理层面上的体现就是公共权力的民主化和契约化，契约化权力品格的正当性来自广泛的社会参与和“普遍的同意”。类似的文献还有陈伟东、李雪萍的《社区自组织的要素与价值》[16]和魏娜的《城市社区建设与社区自治组织的发展》[17]等。

---

① 朱德米.回顾公民参与研究[J].同济大学学报（社会科学版），2009，20(06)：89-96.

第三类是对我国社会参与社区治理实践中所存在问题的理论探讨。既有针对表象问题的探讨,也有对深层次问题的反思,如马西恒的《社区治理框架中的居民参与问题:一项反思性的考察》针对实践中社区参与的动力、能力等问题进行了理论上的探讨和反思。[18]南京大学陈云松教授则用中西比较的方法,研究我国社区建设存在的问题[19]。

第四类是西方国家社会参与社区治理的实践经验。早期的可从《论美国的民主》中托克维尔对自治小镇的青睐窥见一斑——在公民的亲身参与实践中,它能培育人民的"自由精神"显示"自由人民的力量所在"[20]。现代社会参与实践更是异彩纷呈,如德国地方政府在治理社会排斥问题上的社会参与网络建设,麦克弗森和佩特曼的有关参与型民主模式,美国政府"地方创新支持法团"项目,英国约克郡的邻里论坛制度,澳大利亚立斯莫尔地区公民共同参与社区健康需求评估活动等。这些实践经验对我国社会参与社区治理无疑具有重大借鉴意义。

综合来看,社会参与社区治理的文献比较丰富,但从公共权力转型的视角研究的却很少,而且比较零散,缺乏系统化的总结和反思。本书试图从公共权力转型的视角对社会参与社区治理进行较为系统的分析和论述,希望能对我国社会参与社区治理理论和实践的发展有所助益。

三、社会参与评价指标体系研究文献

关于社会参与评价指标体系的研究文献较少,在中国知网上搜索关键词"社会参与""评价指标"或者"社会参与""评价体系",几乎没有相关记录。在2007年人民出版社出版的魏星河教授的著作《当代中国公民有序政治参与研究》中,魏星河教授根据我国现有社会、经济、文化状态,遵循有利于促进政治文明建设、符合国情的思想与制度支持条件、符合政治发展一般规律以及具有开放与动态特点的原则,设计了中国公民政治参与评价指标体系。该评价指标体系包含了 3 个一级指标，即广度、深度、效度。广度是指公民政治参与的数量问题，表现为参与范围、形式、制度供给以及参与人群等方面；深度是指公民对参与事务了解多少，体现在支持社会参与的背景材料以及充分的信息对称；效度是指公民政治参与的正面作用，体现为公民对政府的满意度、政府对公民的回应等方面。二级指标包括了公民参政需求、社会组织发育、国家制度供给、公民政治文化、公民政治权利、政府运行机制、公民对政府的满意度、政府对公民需求的回应度以及公民冷漠程度等 10 个方面；三级指标涉及了公民参政的目的、民间组织数量等 24 个具体项目。详细见表 1。[21]

表 1　中国公民政治参与评价指标体系总体架构①

一级指标	二级指标	三级指标
广度	公民参政需求	公民参政的目的 公民参政的层次 社会参与的手段
	社会组织发育	民间组织的数量 活动方式 社会地位
	国家制度供给	法律制度 实施细则 其他参与渠道
深度	公民政治文化	法律意识 契约精神 独立人格
	公民政治权利	维权意识 参政频率 参政效果
	政府运行机制	与民间组织、公民关系 政务公开状况

① 魏星河，等.当代中国公民有序政治参与研究［M］.北京：人民出版社，2007：248.

续表

一级指标	二级指标	三级指标
效度	公民对政府的满意度	对政府工作的评价 与政府接触的方式
	政府对公民需求的回应度	授受公民意见的反馈速度 授受公民意见的反馈方式 公民对政府决策的影响力
	公民冷漠程度	公民冷漠的原因 公民冷漠的比例

张清清研究了社会参与城市管理的评价问题。与魏星河教授一样聚焦社会参与的广度、深度和效度三个维度。在广度方面，主要包括关注程度、参与比例、参与频率、参与机会多少、对所提供听证机会的满意程度以及对所提供参与渠道的满意程度等 6 个方面。在深度方面，主要涉及规章制度的建设情况、对参与城市管理工作信息的了解度和政府对城市管理信息的公开程度 3 个因素。在效度上，侧重强调公民对城市管理工作的满意度、对城市管理中社会参与的满意度、社会参与城市管理的结果如何、公民对参与城市管理工作的热情度、政府对公民意见的回应情况等 5 个二级指标。每个一级和二级指标分别赋予权重和分值进行具体分析评价。①[22]

朱锦云在其研究中以成本收益方法从定性和定量两个方面、从公民自身和政府两个层面，分析社会参与公共政策的经济成本、社会成本和制度成本以及相应的收益，并提出构建社会参与公共政策制定成本与收益分析的基本模型。②[23]刘淑妍与朱德米通过梳理社会参与公共决策的制度规定与相关内容，主要集中于行政程序建设和政府信息公开规定、行政决策中的听证会制度、重

① 张清清. 我国城市管理中的公民参与度测评研究[D].青岛:中国海洋大学,2012:31-39.

② 朱锦云. 公民参与公共政策制定的成本收益研究[D].湘潭:湘潭大学,2010:53-55.

大决策社会稳定风险评估制度等三个方面,进而对社会参与的制度绩效进行评价。①[24]两位学者虽然没有提出具体的评价指标体系,但是抓住了“代表性、透明性和可持续性”三个关键的因素,体现了参与基础、过程保障和参与效果的纵向评价逻辑系统。

黄伯勇、甘艳莉研究了公众有效参与环境影响评价的指标体系。两人从赋予公众参与的权力大小、公众参与过程的长短、公众的人数与素质、项目单位和相关部门对公众意见的征询形式和方法的有效性指标、参与内容的相关性、参与方式的便利性等多个角度进行了深入探讨,并运用定量分析模型设计了系统性的指标体系。②[25]马朝阳研究了环境影响评价中公众参与的法律问题,侧重分析了“环评法”等相关制度规范在参与过程、参与权利保障以及相关法律责任问题中发挥的作用,指出我国公众参与环评的法律实效性不明显,探讨了环境信息公开不到位、公众的知情权得不到保障、公众参与环评的范围较窄、公众参与的方式不完善以及公众参与环境影响评价的司法保障不完善等因素。[26]

王静、马辉在《旧城住区改造中公众参与有效性评价指标体系研究》一文中以参与的有效性为目标,按照过程指标和结果指标两个维度,设计了三级指标体系。一级指标包含过程和结果两个指标,其中过程指标又含有信息公开和参与情况两个二级指标,信息公开由内容的充分情况和公开的渠道两个三级指标构成,参与情况由参与程度和参与渠道两个三级指标构成;其中结果指标含有反馈、满意度和效率三个二级指标,居民意见采纳情况、项目执行透明度、居民对项目的认同度、居民对结果的满意度、公众参与的成本、决策和执行的效益等6个指标构成了三级指标评价体系。③[27]安月茹以河北省石家庄市井陉县小龙窝村为例研究了传统村落保护与整治中公众参与的评价指标体系。从内部和

① 刘淑妍,朱德米.当前中国公共决策中公民参与的制度建设与评价研究[J].中国行政管理,2015(06):101-106.

② 黄伯勇,甘艳莉.环境影响评价中公众参与有效性的指标体系设计[J].统计与决策,2009(02):48-50.

③ 王静,马辉.旧城住区改造中公众参与有效性评价指标体系研究[J].工程经济,2017,27(02):66-70.

外部力量的角度出发确定了传统村落保护整治参与的9大主体，构建了传统村落保护整治的公众参与评价指标体系，指标体系包括村委会、村民、政府、规划编制人员、专家学者、民间组织团体、旅游开发企业、游客、新闻媒体在内的9个一级指标以及52个二级指标。①[28]

曲甜、田华在《政府治理视域下的互联网政治参与：基于省级政府门户网站的评估》②中围绕政治参与这一核心要素，设计了一套包含主、客观因素的综合指标体系。涉及了公开性指标、参与性指标和评价指标三个维度。公开性指标主要是指政府信息公开程度，包括权力设置、权力运行和决策信息公开；参与性指标主要是指政府与公民以及公民与公民之间的互动交流，包括单向度、互动式、交互式以及创新型参与。而评价性指标包括了政府评价和社会评价。[29]孙光磊从参与渠道的多少、参与程度的高低、影响决策程度、实现程度等4个方面研究新媒体视阈下新生代农民工社会参与的评价指标体系。分析得出参与渠道的多少是影响农民工社会参与效果的主要因素③[30]

四、简要评价

社会参与、公众参与或者社区参与研究是我国国家治理现代进程中一个重要的研究方面。新中国成立以来，随着我国政治民主化进程逐渐加快，在一定时期和特定阶段也形成了研究公众参与的热潮，国内也陆续出了一些相当优秀的利用规范性研究方法做出的研究成果，但从研究趋势上看，目前对该问题的研究却隐隐出现了发展节奏变慢，难以向纵深拓进的迹象。

总结以上资料信息，我们可以看到现有研究在有关政府决策层面、环保方面的环境评价、城市规划与管理、社会保障领域以及新兴的互联网电子政务领

---

① 安月茹.传统村落保护与整治的公众参与评价研究[D].石家庄：河北师范大学，2018：36-42.

② 曲甜，田华.政府治理视域下的互联网政治参与：基于省级政府门户网站的评估[J].电子政务，2018(10)：60-75.

③ 孙光磊.新媒体视阈下新生代农民工社会参与的评价指标体系构建研究[J].新闻研究导刊，2018，9(05)：42-44.

域都有相关阐述。就研究内容而言，现有研究，主要还是从社会参与的主体、内容、方式渠道以及参与效果等因素构建社会参与的指标评价体系，缺少从社会参与的深度以及社会参与成长性方面的研究。从定性与定量研究来看，定性分析多，而定量分析少。这与微观分析方法尤其是量化分析比较缺乏息息相关。总体来看，现象描述多，而指标体系分析少。这与指标体系构建标准和选择的复杂程度有关。从不同领域横向研究的成果较多，这与我国公众参与政府治理的实践密切相关，而从纵向维度进行梳理的很少，系统的归纳总结不足；相关个案研究不少，具体领域整体分析比较散，具有规律性的深入研究还不够。

因此，在社区治理领域聚焦社会参与的结构优化，探讨参与内在动力的变化，从社会参与可持续发展的角度并结合我国社会参与的实践进行系统性的分析就非常必要。这既有利于推动我国社会参与的发展，推动我国政治民主化的进程，进而推动国家治理体系和治理能力现代化。

第三节　研究思路与方法

一、研究思路

通过文献和实证研究，在社会参与的阶段性分析框架下，结合中国转型社会变革的大背景，进一步梳理和总结了我国社会参与演化的三个阶段：公民权利保障（确认），公民利益维护和责任觉醒（包括政府责任和公民责任），客观分析和解释当前我国社会参与所面临的权利、利益及责任相互交织累积的过渡性和复杂性特征。在此基础上，设计符合我国社会参与现阶段性特色的评价指标体系，主要是以权利保障、利益维护和责任培育作为一级指标，形成三个一级指标体系，每个一级指标体系又设若干具体二级指标和三级指标，其中重点考量静态易定性分析的因素，适当选取以过程和结果为评价的要素，形成既符合公共秩序目标又符合个体全面发展的立体的较为科学实用的评价指标体系,希望能客观反映和评价我国社会参与的实践与效果,为国家、社会和公民个人的决策和行动实践提供参考和借鉴,进一步推动我国社会参与的研究与实践。

社区作为公民基层政治生活的重要组成部分,不是一个孤立、封闭的空间,其作为基层政府的神经末梢,嵌入在基层治理网络之中。同时,公民社区参与也是一种公民之间互动交流以及相互学习的过程,行动者会基于以往的经验不断地调整行动策略。项目组以社会参与社区治理为例检验我国社会参与权利、利益和责任的发展脉络,并应用所研究的社会参与评价指标体系对社区参与实际效果进行评价。

二、研究方法

本书从理论建构及制度设计两个方面进行研究。社会参与社区治理问题实际上是一个公民社会自治问题,同时也是一个政府与公民共同治理的问题,其核心是公共权力在结构配置和本质属性上从传统向现代的转型,因此,国家与社会关系理论、社会契约理论、公共权力转型理论、社区自治理论、公民权利理论、公共选择理论以及协商民主理论等共同构成了社会参与社区治理之理论基础。本研究所采用的主要方法有文献分析法、比较分析法和社会调查研究等实证分析方法。

一是文献分析方法:文章考察和梳理中外社会参与的相关资料,形成社会参与的全新分析框架。注重文献的比较分析与论证,从相关理论文献中找寻与社会参与有关的主张、理论,在试图建立彼此的关系后,形成一个整合的理论架构。

二是比较分析法:研究既注重于相关文献的比较分析,也注重于历史和现实的比较分析,考察和概括转型中国经济社会发展以及社会参与的阶段性发展路径和特征,也注重理论和实践的比较分析,还有中外社区参与实践的比较分析。

三是实证分析法:是对所研究的社会参与个案进行如实的描述,对我国社会参与的若干典型案例进行分析评价。运用社会调查收集和统计辽宁省统计基层群众自治过程中社会参与的资料和信息,并通过对比从中发现规律性的东西,运用实证分析法检验我国社会参与阶段性演化特征以及评价指标体系的实际效果。

第四节 创新与不足

一、研究创新

一是视角创新。学术界对于社会参与的研究并不少见,但从我国社会参与的阶段性演进的视角进行实践分析与理论探索来进行研究的却没有。社会参与实践上所体现出来的阶段性变迁是与我国从计划经济向市场经济转型过程中公共权力和公民权利相互作用而逐渐形成的。重新审视我国社会参与社区治理出现的新变化,强调的是一种渐进式的演变过程,侧重对社会参与未来趋势发展的判断,在目前的研究文献中,还未有见。第一,通过权利保障、利益维护和责任引导三个维度形成一个全新的社会参与理论研究的分析框架。第二,以理论研究分析框架为基础,将权利、利益和责任作为一级指标构建我国社会参与的评价指标体系,静态和动态相结合,整体和个案相结合,探讨社会参与的有序性与有效性。

二是理论创新。项目研究一方面充分借鉴了比较成熟的社会参与、社会契约、社会自治、公共选择以及协调民主理论,作为社会参与的理论基础;另一方面还总结形成了公共权力转型理论,即从传统强制权力向现代契约权力转型的视角挖掘我国转型期社会参与社区治理中所存在的深层次问题,即公共权力的非完全契约化问题,然后以公共权力契约化为主线,阐释社会参与社区治理的理念革新和制度建构。还有国家与社会关系形态理论,用以解释国家与社会关系的变革实践历程,为不断扩大有序社会参与和强化政治民主化发展道路提供了研究依据。

二、研究不足

一是社会参与的阶段性演进过程虽然是从实践中总结提炼的理论思维逻辑,但这一思想在具体的实践中,无疑也面临着理论与实践的偏差。从三个阶段的主要特征来看,权利确认阶段具有明确的指向,利益维护时期也具有较强的阶段性特征和丰富的实践案例。而目前以责任担当为特征的第三阶段只是刚刚起步,大多是具有其特殊领域性特征,比如公益环保领域、电视问政领域以及某些立法领域,虽有良好的效果和持续张力,但也存在着诸多的问题,理论研究尚不具备广泛认知和普遍适用的可能性,仅处于初级阶段。对这样一些现象的分析和总结还缺乏系统思考。

二是评价指标体系构建的理论逻辑基于我国社会参与波澜壮阔的阶段性演进历程,实践丰富多彩,远不是一项研究能够抽象和总结的。本书由于指标选取和调查对象的局限性,体系中指标的涵盖范围不尽全面,调查的对象也有待进一步丰富;在分析方法上,由于作者学术能力限制,以定性分析为主,量化研究不多。因此,指标体系的实践检验还需要进一步强化和增进。

三是研究社会参与的阶段性演进仅仅是从新中国成立以来的实践历程来考量,缺乏对西方发达经济体进行类似的比较分析,也没有研究与中国发展道路具有相似属性的国家的社会参与是如何演进与变迁的。主要还是缺少相应的研究工具和研究视野不够开阔,这未常不是一种遗憾。从某种角度讲,世界历史的发展都具有一定的规律性,社会参与的演进也不例外。如果能够采用较大范围的资料和样本进行跨国别的比较研究,将具有更大的借鉴意义和理论价值。

第二章　理论基础和基本概念

第一节　理论基础

一、社会参与理论

社会参与理论研究的兴起与发展为公民直接参与社区治理活动提供了理论依据，在参与理论的倡导下，社会参与成为一个日益令人注目的主题，引起了广泛关注。

（一）社会参与理论的历史演进

社会参与，是现代民主理论的一个重要概念。20世纪七八十年代以来，随着代议制民主政治的危机，一些西方学者提出了共同参与制民主思想，其指导原则是，凡生活受到某项决策影响的人，就应该参与那些决策的制定过程。在古希腊，亚里士多德认为，只有当一个人参加了城邦（国家）生活时，才能达到优良生活。城邦是“至高无上而又无所不包的联盟”，脱离了城邦的个人，“不是一只野兽，那就是一位神祇。”①[31]虽然这些论述都有普通民众参与城邦治理的思想，但它们并非现代意义上的社会参与。现代意义上的社会参与源于近代民主

---

① 亚里士多德.政治学[M].北京：商务印书馆 1997：9.

理论中有关人民主权的思想。以卢梭、密尔等人为代表的参与民主理论为社会参与提供了较早的理论依据。资产阶级革命胜利后，普遍实行代议制民主，这是一种有限的和间接的民主，表现为大众对政府的参与是不经常的和暂时的，往往被限于投票行为等政治参与活动，公民并不亲自操作权力，他们只是选出那些将代表他们统治的人。随着经济发展、科技进步、公民民主意识觉醒，议会制民主的弊端越来越突出。卢梭曾在《社会契约论》中对代议制提出怀疑，他认为，公意是国家全体成员基于共同利益，针对共同目标，谋求共同幸福的共同意志。公意构成主权，也是法律和政府的依据，具有主权不可转让、主权者不可约束、主权不可分割和主权不能代表的特征。他还认为代议制是人民腐化，国家败落的征象。[32]继卢梭之后，林肯提出“民有、民治、民享”的政治思想，社会参与的思想渐趋明朗化。而法国理论家托克维尔则在《论美国民主》中第一次真正论及参与民主理论及其实践意义[20]。

第二次世界大战后，参与民主理论再次复兴并且成为当代西方民主理论的一种重要派别。他们认为代议制的弊端在垄断资本主义时期显得尤为突出，议会权力衰落，行政权力扩张，权力结构出现失衡；议会民主制的局限性和虚伪性日益暴露。传统的议会制是在党派政治的基础上通过代议制原则在议会规则内寻求不同利益的妥协，这样多数民众被排斥在议会活动之外。战后西方国家经济和科学技术迅速发展，国家广泛地介入社会经济生活，刺激了利益集团政治的兴起。各种利益集团和广大民众已不满足于在一定范围内行使法定的选举、表决、游行、集会、出版和言论等传统的政治权力，他们还要求通过利益集团来集中、选择、综合各种具体利益和愿望，形成提案输入国家决策体系，进入公共政策制定过程，直接参与决策。于是代议制民主的局限性与公民要求普遍参与政治生活的矛盾暴露出来，托夫勒将代议制喻为“社会内部的一个黑洞”①。“代议民主制的历史作用已经完成了，我们直觉地意识到它已经

① 托夫勒.第三次浪潮[M].北京：生活·读书·新知三联书店，1984：511.

过时了。”①[33]20世纪60年代末70年代初，西方各国普遍爆发的大规模的社会动乱或政治危机集中体现了这一矛盾。1968年西欧、北美爆发大规模的群众运动，如公众采取游行、示威、抗议运动，建立各种组织，直接向西方传统民主发难。他们揭露了代议制民主的虚伪、腐败等种种弊端，这些都表明公民不满足于参加有限的、形式民主的选举活动，而要求直接参与民主，直接参与经济管理。

20世纪50年代末至60年代，参与理论的发展主要以帕特曼、马尔库塞和普兰查斯等的新左派运动为代表。帕特曼在《参与和民主理论》一书中对自由民主的经验层面进行了批判性分析，并对大众参与和工业民主做了辩护。重新总结了古典民主理论家卢梭、密尔等对参与民主的看法，强调了直接参与民主的价值和意义。认为参与型民主能促进人类发展，强化政治效率感，培养对集体问题的关注，并有助于形成一种积极的、具有知识并能够对政府事务更有敏锐兴趣的公民。②[34] 70年代，参与民主理论则以托夫勒和奈斯比特为代表，他们否定了前一阶段参与民主表现的学生骚乱、黑人运动、妇女民权运动、反战风潮四种体制外参与方式，但肯定了“参与民主”本身。托夫勒在《未来的冲击》一书中提出了“预期性民主”概念，认为应该实行普通公民能参与确立未来社会目标的预期性民主制度，建立“未来代表大会”取代“代议制”制度，应“让所有公民不断对未来进行表决”，因为“在政治领域，在工业部门，在教育界，没有那些受到决策影响的人的参与，所制订的目标越来越难以执行。”③[35]托夫勒看到了代议制的危机，但他却只是主张在制订未来目标上实行参与制民主，以某种形式的民主参与来弥补代议制民主的不足。80年代，托夫勒的《第三次浪潮》又一次表示了他对民主问题的关心。在此书中，他系统地批判了资本主义代议制，对代议制民主的批判内容实际上就是他主张参与制的理由，“现在的政治结

---

① 托夫勒.第三次浪潮[M].北京:生活·读书·新知三联书店,1984:473.

② 潘小娟.当代西方政治学词典[M].长春:吉林人民出版社,2001:285.

③ 托夫勒.未来的冲击[M].贵阳:贵州人民出版社,2000:53.

构框框中,即使是圣人,天才加英雄来统治,也仍然面临代议制最终的危机。"①必须通过广泛协商,心平气和地共同参与,重新确立新的政治结构,"在旧文明的废墟上建立一种新文明,必须在各国立即设计一个新的更适宜的政治结构",②遵循少数派权力、半直接民主与决策分工的三项根本原则,将参与的范围扩大到政治生活的各个侧面。[33]《第三次浪潮》一书在新的层次上丰富了参与民主论的内容。奈斯比特在 1982 年发表了《大趋势——改变我们生活的十个新方向》一书,论述了共同参与民主论所依据的社会背景,提出了共同参与民主制终究要取代代议制,认为共同参与制就是凡生活受到某些决策影响的人就应该参与那些决策的制定过程。随着公民教育水平的提高,参政能力的增强,信息瞬间共享的事实,普通公民实行参与民主制的现实可能性越来越大。在实际生活中,它已经渗入我们价值系统的核心,在政府和公司里将受到它最大冲击。③[36]

(二)社会参与理论的简要评价

尽管社会参与理论经历了不同的发展阶段,有不同的派别,但其学术与价值取向都有共同之处。他们都承认参与对民主的价值,认为参与的主体是普通公民,参与的客体是影响参与主体的政府决策或公共权力。他们首先承认参与主体本身的价值而不管该参与主体的能力高低如何,承认人与人之间共同享有的平等,承认社会参与公共事务是完善自我、发展自我的必需,这是社会参与理论的哲学前提。其次,承认公民个体的权利,承认公民个体是一切公共权力的源泉,即使普通公民也有参与公共事务的权利,这是参与理论的政治前提。当然,权利的存在只是为社会参与提供了可能性,要使其由可能性转变为现实性,公民必须参与公共事务,并具有参与公共事务的能力,其中包括制订计划和掌

---

① 托夫勒.第三次浪潮[M].北京:生活 · 读书 · 新知三联书店,1984:511.

② 托夫勒.第三次浪潮[M].北京:生活 · 读书 · 新知三联书店,1984: 486.

③ 徐鸿武,等.当代西方民主思潮评析[M].北京:北京师范大学出版社,2000:53.

握、判断行动规则的能力以及清楚表达思想以及与人讲道理的能力。①[37]再次，社会有允许社会参与的制度安排，如选举制度、政党制度、监督制度的有效运作。参与的动力是争取多获得社会合作所带来的收益以及对参与过程自身的满足感。参与的作用是多方面的，既可满足普通公民介入影响公共事务的要求，又可增强政治统治的合法性。可见，从选择代表参与选举等有限的政治活动到公民直接参与公共事务管理、参与公共政策的选择，社会参与理论经过了从间接民主到直接民主的发展历程。无可否认，随着现代民主政治的发展，在现代科学技术的推动下，公民直接参与的可能性和可行性越来越强。

二、社会契约理论

启蒙思想家认为，通过约定人们可以寻求到这样一种结合方式："使它能以全部共同的力量来维护和保障每个结合者的人身和财富，并且由于这一结合而使每一个与全体相联合的个人又只不过是在服从自己本人，并且仍然像以往一样地自由。"②[32]这就是社会契约，在社会契约中人们把自己的部分或全部权利委托给公共权力，由公共权力重新建立一种社会秩序，并通过这种秩序来保障人们的生命、财产和自由不受侵犯。这就是启蒙时期的合法性理论，即社会契约理论。根据社会契约论的观点，每个人在自然状态下，享有自然权利。为解决自然状态下的困难与不便，人们通过契约把自然权利中的一部分让渡出来，凝聚成人民权力，并派生出国家权力。可见，国家权力是公民契约的产物，这种权力只有代表"公意"时才具有合法性。"公意"是一切公共行为的出发点和归宿。那么"公意"是怎么产生的呢？有两种方式：一是直接民主，如古代民主就是通过简单多数规则使公共权力总是掌握在大多数人手中；一是间接民主，如近代产生的代议制度，公民通过行使选举权来表达他们的利益和意愿，从而使

---

① 科恩.论民主[M]. 聂崇信，朱秀贤，译.北京：商务印书馆，1988：1，10.

② 卢梭.社会契约论[M].北京：商务印书馆，1997：23.

公共权力得以体现民意。传统代议制是建立在当时由于缺乏必要的技术、物质条件而偏好间接民主的理论基础之上的。进入现代社会以后,社会物质、技术条件的发展(如信息化和电子政务的发展),使直接民主成为可能,另一方面因公民代理人的“自利性”而并不总能代表公民的利益和意愿。所以,现代民主通过扩大公民直接参与、分散权力中心来达到控制公共权力的目的。显然,社会参与式的直接民主是体现公意的最佳方式。社会参与是一切社会和国家事务决策的合法性基础,这是符合自然法则中人性基本权利的内在逻辑的。另外,公民只是让渡出一部分权利来形成公共权力,未让渡的属于公民自己自治范围的事项公民仍然有权利参与,公民不但要参与对公共权力的监督,还要独立行使公共权力管理社会公共事务。

三、公共选择理论

公共选择理论是 20 世纪 60 年代产生于美国的一个经济学流派。所谓公共选择,就是通过集体行动和政治过程来决定公共物品的需求、供给和产量,是对资源配置的非市场选择。它从现代经济学的角度、以“经济人”假设出发,把经济市场中的个人选择行为与政治市场中的公共选择行为纳入同一分析模式,即经济人模式。公共选择理论作出的基本行为假设是,人是自利的、理性的效用最大化者。其认为,经济活动中的个人在决策之前要根据成本和收益来仔细计算,力求个人效用最大化。而在政治领域中,个人也同样扮演着“经济人”的角色,即社会参与的个人也是“经济人”,个人的行为和决策同样是在理性地进行成本和收益分析之后,才做出选择或决定,同样也是在追求某种效用最大化。

通过这个逻辑起点,公共选择理论的研究者们从“经济人”假设出发,认为政治领域中的选民和经济领域中的消费者的动机是一样的,即出于自我利益的最大化原则,他们在政治领域中的投票行为取决于投票所获得的收益和投票所支付的费用之比。穆勒曾经指出经济有两大特征:一是自私,即“人们的行为动机是趋利避害,是利己的”;二是完全理性,即“每个人都能够通过成本—收益或趋利避害原则来对其所面临的一切机会和目标及实现目标的手段进行优化选择”。作为政府机构是由一个一个的经济人组成的,无论是作为个体的公务人员还是组织,都有自己的利益,都需要与他人或与其他组织发生联系与利益的碰撞,为此也要通过选择以求得最大利益的实现;作为社区中的公民个体,也是一个经济理性人,公民在参与社区选举、社区管理过程中,既要考虑参与结果为其带来的好处,也要考虑参与过程中所付出的成本和代价,并在二者的衡量过程中选择自己的参与行为。出于理性的角度,公民个体参与社区治理的目的只是以最小的参与成本实现最大化的个人利益。只有当公民个人认为其参与社区治理过程所带来的个人好处超过参与可能耗费的时间和精力时,公民才会以积极的姿态参与社区治理。

四、社会自治理论

自治源自希腊语,意指“自我治理或自我做主的状态”。根据《布莱克维尔政治学百科全书》的解释,“自治是指某个人或集体管理其自身事务,并且单独对其行为和命运负责的一种状态”①。[38] 自治一词相对应的词是“他治”。“他治意味着自我或者我们的生活处于受他人的控制而不自主”②。[39] 马克斯·韦伯认为:“一个团体可能是:①自治的或他治的,②自主的或不自主的。自治意味着不像他治那样,由外人制订团体的章程,而是由团体的成员按其本质制订章程(而且不管它是如何进行的)。自主意味着,领导人和团体的行政班子依照团体自己的制度任命,而不像不自主的团体由外人任命的那样(不管任命是如何进行的)。”③[40] 现代政治理论与实践表明,在一个共同体中,社会成员的自治关系表现在两个方面:一是,仅就与他人无关的事情,个体享有充分的自己决

① 米勒,波格丹诺,邓正来.布莱克维尔政治学百科全书[M].中国问题研究所,等,译.北京:中国政法大学出版社,1992:673.

② 凯尔森.法与国家的一般理论[M].沈宗灵,译.北京:中国大百科全书出版社,1996:230-231.

③ 韦伯.经济与社会:上[M].林荣远,译.北京:商务印书馆, 1997:78.

定权。个体自治是人权理论的基础,它是建立在主体"理性"的基础上,个体能够自主地决定自己的事务。从个人自治来看,个体能否自己决定自己的事情直接涉及个体意志能力的有效性。对于无行为能力的人和限制行为能力的人,个人就不能自治其个人的事情,就必须作为公共事务来处理,而由他人来处理。对于有完全行为能力的个人而言,其个人自治是具有正当性和可能性的。二是,仅就与其他共同体无关而与本共同体所有成员相关的公共事务,全体成员享有共同决定权,即一定的群体自治,如地方自治、社区自治等。前者是现代政治理论下的个人权力及其运用,后者则是社会权力及其运用。社区自治属于社会权力的运用即"社会自治"。与国家政治不同的是,社会自治是一种非统治性权威,因此,人们对它的服从不是盲目的、被迫的,而是自觉的、自愿的,是建立在高度认同的基础上的。

在"社会自治"理念下,社会权力是逻辑上终极性的权力。即社会权力主体在实现社会权力主体利益的运作过程中可以直接运作,也可以间接运作。直接运作社会权力是指共同体中所有成员直接共同决定公共事务,实现社会公共利益;间接运作社会权力是指共同体中所有成员可以委托另外一个行为主体代为处理公共事务,从而实现公共利益。直接运作社会权力的逻辑形式有全民自决、自治等方式。间接运作社会权力的逻辑形式是代议制下的政府机关作为社会权力的被委托者。因此,在社会自治理论下,政府机关的权力是社会权力主体委托的产物,社会权力高于政府权力。自治权力是社会固有的权力运作方式,而政府权力是社会权力的委托和让渡。因此,社区自治权力来源于社会权力运作本身,而不是政府权力的让渡或者"恩赐"。可见,社会参与是社区自治的内在要求,是社会权力运作的必然选择,社会参与社区治理有其坚实的理论基础,是民主政治国家里的公民作为人的先验的一种权利存在。

五、公共权力转型理论

公共权力属于权力范畴,与一般权力相比,其最主要特点是公共性与社会服务性，是适应公共社会需要，处理公共事务而产生的。它是基于某一特定的社会共同体成员共同同意或某种形式的认可并为管理其中的公共事务，以支配、影响和调控该共同体而形成的一种公共权威力量。公共权力是一个体系。它主要包括社会自治权和国家权力两部分。在公共权力体系内，国家权力是特殊形式的公共权力。人类进入现代社会之后，发生了传统到现代的变迁，治理社会的公共权力也相应发生了历史的转变。

在传统社会中，君主（皇帝）在理论上是其他一切权力的源泉，其他人的权力在理论上都是由皇帝赐予，是以皇帝意志的代表出现的。而君权的取得又主要是利用强权推翻前朝的统治而取得的，这种强权性的君权通过与宗法父权的结合，使自己获得了合法性根据。用韦伯的话讲，在传统社会中，政治统治的合法性的适用具有魅力的或传统的性质。①[40] 与这种权力制度相适应，传统社会的权力在运行中表现出了典型的强制性特征。以阶级统治为主要功能的国家权力覆盖了整个社会，国家“吞食”了社会的权利和权力，公共权力表现出明显的单一性和强制性。从某种意义上看，这种治理为社会提供的秩序是不稳定的，其合法性基础也难以得到保证。

在现代社会中，现代性的重要标志之一是自觉自律的公共生活领域和民主化、契约化的公共权力领域的同步生成，进而衍生出以平等、契约、信任等为核心的人本化、理性化的公共文化精神。在经济的理性化、行政管理的科层化和公共领域的自律化的基础上，现代性在社会整体的运行和管理层面上的体现就是公共权力的民主化和契约化，这也就是通常所说的理性化的政治文明的确立。这种契约化的品格以尊重公民权利为前提，以公民广泛参与为基础，以信任合作为动力。其基本趋势是：公共权力向民众权利的回归、公共权力运行的契约化。从公共权力是源于公民契约的社会契约理论角度可以看出，在民主制度下，公共权力契约品格的合法性只能来自社会成员对公共事务的广泛参与，

---

① 韦伯.经济与社会：上[M].林荣远，译.北京：商务印书馆，1997：238.

通过讨论、协商和政治选择，决定一般的公共规则和特殊的公共决策。哈贝马斯特别强调，这一商议民主的实质在于：反对一切形式的强制，公共意志的形成，必须包容所有人不同的意见，并通过理性的论证或争论，以求得共识。改革开放以来，中国进入了从传统社会向现代社会转型的历史时期。社会转型使国家与社会的关系发生了巨大变化，其中最为突出的表现是公共权力的结构重新调整和本质属性的转型，即从传统权力的强制属性向现代权力的契约品格转型，公共权力也处于由传统向现代转型的历史时期。

随着公共权力的转型，社会参与成为公共权力合法性和有效行使的必要条件，成为公共权力运作和行使不可缺少的程序。哈贝马斯在谈到现代民族国家的合法性问题的时候，指出：在对上帝的信仰崩溃之后，出现了多元化的世界观，从而逐渐消除了政治统治的宗教基础。这种世俗化的国家必须为自己找到新的合法化源泉。而民族国家通过把公民在政治上动员起来，确认他们的民主参与和公民资格，创造了一种新的法律团结基础，同时也为国家找到了世俗化的合法性源泉。①[41]这表明，现代权力的合法性基础应该来自公民普遍的、广泛的政治参与。反过来，公民的广泛参与也不断促进传统权力向现代权力转换，通过社会参与的对话与行动，可以使公共权力的单向强制性转化为多元的契约属性，在社会参与的推动下，也可以使公共权力源于公民权利的意识获得普世价值，提升公民的参与意识和增强公民的参与能力。

社区公共权力是属于公共权力的一种，是基于社区共同体成员共同同意或某种形式的认可并为管理其中的公共事务以支配、影响和调控该共同体而形成的一种公共权威力量。在我国，市场经济的发展推动着社会的自我运转和公民社会的发育，国家单独控制全部社会资源的统一局面已经改变。在那些国家已经退出或者不再能够实施有效控制的地方，一些新的社会组织将迅速地生长起来，这势必促进社会自治权的增长。要落实居民自我管理，需要有相应的管理

---

① 哈贝马斯.论欧洲的民族国家[M].逢之，译//陶东风，金元浦，高丙中.文化研究：第2辑.天津：天津社会科学院出版社，2001：1-19.

居民和管理社区的方法与手段。已经达到经济自立的居民在基本生活方面，不需要依靠别人，使计划经济体制下常用的权力形式失去用武之地。彼此平等的居民、各权力主体之间需要一种“同意权力”。它不具有强制性，但有约束力，约束力首先不来自外部压力，而来自因为自愿参与和自主选择而形成的内在动力。社区治理强调参与，视之为社区中人的管理和社会管理的主要方法，道理就在这里。①[42]

六、国家与社会关系形态理论

国家一方面源自社会，以社会为基础；另一方面又异化于社会，以社会为对立面。国家力量与社会力量的反复博弈、此消彼长的矛盾运动导致国家与社会呈现出不同的关系形态。根据国家力量与社会力量重合异化程度和表现形式可以将二者的关系划分为四种关系形态。

第一种表现形式是“国家主义”关系形态。这是国家与社会力量相互重合导致的一种极端的关系形态。在“国家主义”关系形态中，国家力量完全异化并凌驾于社会之上，社会力量无法与国家力量相抗衡，一切人、财、物、信息和时空资源完全掌握在国家手中，受国家支配。完全计划经济下国家和社会的关系形态就是“国家主义”关系形态的典型代表。

第二种表现形式则是“无政府主义”关系形态。这是国家与社会力量相互重合导致的另一种极端的关系形态。社会力量和政府力量也可以从另一个极端角度实现完全重合，在这种国家和社会的关系形态下，谁拥有了更多的经济生产资源谁就掌握了政府权力，社会力量完全凌驾于国家力量之上。国家力量被弱化，完全受社会力量所摆布和掌控。“无政府主义”关系形态的典型代表是完全自由市场经济下的国家和社会关系形态。政府完全沦为社会利益集团的附庸和代言人，完全无力通过资源再分配弥补社会行为的正负外部性，也无法

① 费孝通.居民自治：中国城市社区建设的新目标[J].江海学刊，2002(03)：15-18，206.

有效地提供公共产品。欧美工业化初期和俄罗斯转型初期的关系形态都是“无政府主义”关系形态典型的现实案例。

第三种表现形式是“政府主导型”关系形态。这是国家与社会力量异化的表现形式之一。在这种关系形态下,政府力量是占据优势地位的力量。政府尽管已经将一部分权力让渡给了社会力量,但是牢牢掌控着社会中的关键资源,对涉及国家安全和社会发展命脉的资源享有绝对支配权力。权力的让渡可以激发社会各个阶层出于自利的激励,在不断争取自我利益实现的过程中迅速推进经济社会各项事业获得长足发展。与此同时,国家不可动摇的主导地位画出了自我利益的实现边界,社会利益的实现必须在国家利益的框架内得以实现,并以国家利益的实现作为最高宗旨。日本、韩国和新加坡的国家和社会关系是这种“政府主导型”关系形态的典型代表。

第四种表现形式是“社会主导型”关系形态。这是国家与社会力量异化的另一表现形式。在这种关系形态下,社会力量是占据优势地位的力量。政府已经将绝大部分的权力让渡给社会。社会不仅掌控了绝大部分的发展资源,甚至能够影响政府的组建和决策。社会力量的崛起对生产力的释放无疑是巨大的,但是其不可避免的弊端源自其与“无政府主义”关系形态如出一辙的先天缺陷。占有越多社会资源的社会力量对于政府的影响就越大。政府不得不站在某些利益集团一边行使国家权力,最终不仅无法担当起调和社会本身发展矛盾的第三方,反而有可能更加激化社会矛盾。

那么最优的国家与社会关系应该是怎样的呢?政治学者和社会学家进行了许多理论和实践思考。有的学者主张国家与社会的“二元论”,有的主张“对立”和“同一”性并存,有的坚持“多元主义”,有的被称为“回归学派”,还有的主张国家限度理论和公民社会理论等。在不断的争论和探讨中,尽管科学性的结论尚不明朗,但是科学性的证伪却越来越明晰。国家和社会单极走向的路径得到了驳斥和较好的校正。从单一地坚持“国家路线”(马基雅维利、布丹、霍布斯、黑格尔等)和“社会路线”(洛克、亚当·斯密、潘恩、孟德斯鸠和托克维尔等)到坚持“国家强位”或“社会强位”的观点,逐渐向坚持国家与社会应该趋向一种交融与整合状态过渡。从国家力量与社会力量分工合作的视角来研究国家与社会关系的路径渐渐获得了认可。

接下来的问题是,国家和社会的分工应然状态到底如何？洪堡的回答是国家的任务仅仅是“保障安全”,国家为公民提供的看似正面的、积极的关心,为公民提供的物质福利帮助,实质上却起到了“妨碍人的个性和特长发展”的消极作用。因此,国家如果被赋予除“保障安全”之外的任何任务,都只会“增加为此所需要的手段,带来国家行政管理本身的困难,最终成为种种弊端的根源”。霍布斯也认为国家是提供和平和安全的“利维坦”。潘恩认为社会代表“绝对的良善”,国家应该是为维护社会的公共利益而存在,是社会权力委托的载体。洛克认为政府的首要任务是保护人们的财产。近代自由主义认为政府的公共权力仅仅是实现个人权力的工具,必须以个人权利的实现为最终目的。19 世纪末,在凯恩斯、霍布豪斯等经济学者和政治学者的倡导下,罗斯福在美国进行了新国家干预主义的实验。其核心思想是强调市民社会的价值和国家对市民社会的保护,认为市民社会存在的价值在于提供个人自由的堡垒,国家应该以发展市民社会为目的,而对市民社会进行积极干预,既不应该将国家与社会截然分开,也不要用国家来取代市民社会。罗尔斯认为国家行使权力的边界就是帕累托最优条件。国家的任务就是帮助社会实现帕累托最优,就是在不损害他人福利的条件下改善一部分人的福利。一旦社会达到了帕累托最优状态,改善一部分人的福利不得不以牺牲他人福利为代价时,国家干预就必须停止。诺齐克在此基础上进一步提出最弱国家的主张,坚持国家不管出于何种目的,不管是为了维护整体利益还是为了重新分配个人利益,都不可以损害个人权利。马克思(1848)主义理论在阐述国家和社会关系时始终坚持社会第一性原则,认为社会是国家存在的基础和前提。

综上,无论是近代到当代国家与社会关系嬗变的实践历程,还是对于二者关系的理论研究均充分表明,国家与社会的重合要么以完全牺牲社会力量为代价,要么完全以牺牲国家力量为代价,已经不符合现代社会发展的需要。现代社会发展需要国家和社会力量分离,各有分工、相互合作,共同促进社会发展。这一结论不仅具有现实基础,也具备马克思历史唯物主义的哲学基础。国家与社会关系形态理论为社会主义民主法治社会加强和扩大有序社会参与提供了理论基础。

七、协商民主理论

20 世纪末期,源于对自由民主的批判和对代议制民主的反思,一种新的政治民主理论,即协商民主开始兴起。自由主义民主过分注重个人自由和权利的伸张,致使社会责任不能得到很好地履行,最终反而由于公共利益缺少维护,社会缺乏公平正义,使得个人自由权利难以保障。正如本杰明·巴伯所言,“个人自由不是参与政治行动的前提,而是它的结果。①[43]”而代议制民主作为现代民主制度实践的主流形式也存在着少数服从多数的“多数暴政”问题和过度精英化所产生的“独裁统治”等突出问题,公民精神难以充分培育和体现。协商民主早期的代表人物有亚里士多德、埃尔斯特等,他们都主张通过公民之间相互协商、共同辩论的方式实现公共决策的科学化和合理化。从 20 世纪 80 年代开始,毕塞特、科恩、曼宁以及哈贝马斯等人从不同视角对协商民主理论进行了探讨和发展。

协商民主理论在理念精神上主张协商、倡导对话、坚持讨论、推进包容,强调社会参与公共事务管理的重要价值和责任理性;在过程上主张协商的合法、合理以及公开程序和参与机会、参与实质的平等,强调以“对话”代替“投票”;在结果上强调对公共政策的实际影响力和社会参与责任、参与理性和参与能力的培育与锻炼。协商民主理论在参与美德、参与热情以及社会参与的合法性方面有着丰富的探讨,为我国社会参与的阶段性演进尤其是社会参与的责任回归

---

① 巴伯.强势民主[M]. 彭斌,译.长春:吉林人民出版社,2006:55-81.

研究提供了理论支撑，是我国社区治理实践中民主恳谈会、社区议事会、村民民主评议会等多种民主运行模式的理论渊源。

第二节　基本概念

一、社会参与的界定

在既有的研究文献上，社会参与的概念界定形形色色，不尽相同。社会参与有很多相关的名词，如“政治参与”“人民参与”“基层参与”“公众参与”等。这些不同的名词虽然名称不同、使用的学术领域及议题不同，但是，其所指涉的参与行动与意义则大致相类似。

现代社会参与的概念源于西方行政发展的实践，与民主制度的产生发展紧密联系。早在古罗马时期的特里布大会以及其后演变成全体罗马人参加的公民大会，就是现代社会参与的雏形，大会的发展初期仅平民参加，决定有关平民事务，人们可以在会议上发表自己的观点，参加相关事务，如选举保民官等，并以部落为单位进行表决，会议的决议初期仅对平民有效，但后来其决议发展成可不经元老院同意即对全体罗马公民（包括贵族）全都有效的法案，平民会议成为罗马共和国时期的最高权力机关。

启蒙运动时期的民权思想，也具有现代社会参与的内涵，民权思想本质上鼓励社会参与政策决策，以杜绝少数人暴政的发生。随着西方资本主义制度的建立，西方的民主制度得到发展，社会参与的思想也随之发展起来。尽管初期的社会参与更多侧重于政治参与，但现代社会参与的范围远远突破了政治参与的边界，甚至更多的发展到社会参与的广阔领域中来。尤其是 20 世纪 70 年代以来，随着新公共行政、新公共管理、新公共服务以及治理运动的兴起发展与推进，公开、公正、回应、责任等价值理念成为现代政府的主要治理理念，而与之相随的,则是社会参与的蓬勃发展。

中国的公共参与也经历了一个逐步发展的过程,宪法第二条明确规定:“中华人民共和国的一切权力属于人民……人民依照法律规定,通过各种途径和形式,管理国家事务,管理经济和文化事业,管理社会事务。”这就为现代社会参与提供了强力的制度保障。随着经济社会的发展以及政府治理改革的推进与服务型政府的构建,公众参与政治事务与社会事务的意识与积极性日益高涨,现代社会参与逐渐形成并发展。

针对社会参与的实践,大量学者进行了研究并进行了不同的描述:贾西津从广义上描述了社会参与,认为其“就是公民试图影响公共政策和公共生活的一切活动”①[44],泛指投票、结社、游行、集会、宣传、动员、串联、检举、辩论、协商、听证、上访等一系列活动。王锡锌从公正政策的视角将公众参与界定为“在行政立法和决策过程中,政府相关主体通过允许、鼓励利害关系人和一般社会公众,就立法和决策所涉及的与利益相关或者涉及公共利益的重大问题,以提供信息、表达意见、发表评论、阐述利益诉求等方式参与立法和决策过程,并进而提升行政立法和决策公正性、正当性和合理性的一系列制度和机制。”②[45]陈艳珍也认为社会参与是“普通公民通过各种合法方式参加政治生活,影响政治体系构成、运行方式、运行规则和公共政策过程的一系列行为”③。[46]蔡定剑则是从公共治理的角度对社会参与进行描述,认为“作为一种制度化的公众参与民主制度,应当是指公共权力在进行立法、制定公共政策、决定公共事务或进行公共治理时,由公共权力机构通过开放的途径从公众和利害相关的个人或组织获取信息,听取意见,并通过反馈互动对公共决策和治理行为产生影响的各种行为。”④[47]姜庆志等认为社会参与是“公民个体和组织基于公民责任和公共利益,通过一定的方式和途径,与政府等多元公共管理主体合作管理社会公共事

① 贾西津.中国公民参与[M].北京:社会科学文献出版社,2008:代序 1-2.

② 王锡锌.行政过程中公众参与的制度实践[M].北京:中国法制出版社,2008:2.

③ 陈艳珍.公共政策过程中公民参与动因分析[J].理论探索,2007(05):128-130.

④ 蔡定剑.公众参与:风险社会的制度建设[M].北京:法律出版社,2009:5.

务,供给公共产品和服务的活动与过程"①。[48]概括起来,这些研究虽然表述不同但本质趋近,即社会参与是公民对涉及公共利益的公共事务的参与表达并施加影响。社会参与的实践包括三个层面:公众参与立法层面,如立法听证;公众参与公共决策,包括公共政策过程中的公众参与;公众参与公共治理,包括环保、公共卫生等相关法律政策的实施与基层公共事务的治理等。

本书关注的是公民通过参与的行动所表现的公民权利、公民精神,所以用"社会参与"作为题目。关于社会参与的定义,学者们已做过相当丰富的研究。有的学者指出"社会参与是公民自愿地通过各种方式参与政治生活的行为",也有人认为"社会参与是指人民通过投票、组党、加入政治的利益集团等活动,用以直接或间接地影响政治之决定的行动"。本书主要从权力参与的角度采纳了探讨参与理论的先驱 Sherry R. Ernestine 的定义,认为"社会参与是一种公民权力的运用,是一种权力的再分配,使目前在政治、经济等活动中无法掌握权力的公众,其意见在未来能有机会被列入考量。"②[49]把社会参与公共权力的运作和行使看作是本质的参与行为,是决定社会参与活动的核心因素。

二、参与权利的界定

本书对参与权利的界定,分为两个层面:一是形式上的参与状态;二是实质上的参与状态。形式上的参与是指社会参与国家治理的权利在法律制度上已经有明确的规定,以明文的形式存在。但在实践中,社会参与多表现为被动式或政府动员为主的参与形态。这种参与形态的典型特征是参与人并非持久主动参与,参与缺乏内在激励动力,有时往往是非理性的。实质性的参与状态,体现为当事人从自身利益出发,既考虑个人需求,又能照顾公共事务,是一种理性

---

① 姜庆志,冷向明.公共危机管理中的公民参与:价值、困境与路径选择——基于社会资本范式的研究[J].理论与现代化,2012(01):42-47.

② 张成福,孟庆存.重建政府与公民的信任关系——西方国家的经验[J].国家行政学院学报,2003(03):79-82.

人的权利意识、利益本位和责任担当的结合体。

我国公民民主参与权利的行使体现在民主选举、民主管理、民主决策和民主监督等环节。选举权是公民最重要、最直接、最广泛的政治权利。从我国现有的选举制度来看,公民直接参与选举的活动(即直选)有县及县以下的人民代表的选举、城市的居民委员会选举、农村的村民委员会选举。它们是我国公民通过行使选举权来参与政治的主要方式。通过民主选举,选出代表人民意志的人进入决策机关,参与、审议、监督、制订决策,是公民间接参与决策的方式,它要求选出的决策者必须代表民意、反映民情、体现人民利益。公民还通过以下方式直接参与民主决策:社情民意反映制度(公民向决策机关反映意见、提出建议),专家咨询制度(专家学者利用自己掌握的专业知识、相关信息等,对专业性、技术性较强的重大事项进行分析论证),重大事项社会公示制度(决策机关将涉及公众利益的各项决策进行公示,公民在了解有关内容后发表意见,提出建议),社会听证制度(决策机关对同公众利益密切相关的重大事项,倾听公民充分发表意见、提出建议)。实行村民自治和城市居民自治,以保证人民群众依法直接行使民主权利,管理基层公共事务和公益事业,是人民当家做主最有效的途径。监督权是公民重要的民主权利,公民行使监督权的途径有:信访举报制度、人大代表联系群众制度、舆论监督制度等,近年来我国出现了一些民主监督的新形式和新方法,如监督听证会、民主评议会、网上评议政府等。中共十八届三中全会通过的《关于全面深化改革若干重大问题的决定》第三十四条规定:“完善人权司法保障制度。国家尊重和保障人权。”这既是对宪法已有规定的重申,也反映了党和政府坚定维护人权的决心。人权最核心、最基本的部分就是宪法所规定的公民基本权利(或称基本人权),它具有不可或缺性。①[50]

---

① 程乃胜.论对公民基本权利的制度性保障——从卡尔·施米特的“制度性保障”理论谈起[J].社会科学家,2015(01):24-29.

三、参与利益的界定

“理性经济人”是西方经济学研究的一个基本假定。意思是说,在经济活动中,人的目标总是追求自身利益(效用)的最大化。公共选择理论把经济学中的经济人(或理性人)假设移植到政治领域,认为政治领域中的个人也是自利的、以自己的利益最大化为行为准则的经济人。社会参与作为一种政治行为,其核心价值是利益表达和维护,是个体通过参与政治决策(或者社区事务决策)的过程来谋求个人利益的最大化。也正是经由个人利益最大化的参与博弈,公共利益和个人利益的最大公约数才能实现。

我们一直倡导一种大公无私或公而忘私的价值观,作为人更高层次的自我价值实现追求本身并没有错,但一定要注意不能让这种价值取向走向极端而彻底抹杀人对自身正当利益诉求的合理性。西汉著名史学家、文学家司马迁在《史记· 货殖列传》中有云:“天下熙熙,皆为利来;天下攘攘,皆为利往。”意思是说天下人为了利益蜂拥而至,为了利益各奔东西。指普天之下芸芸众生为了各自的利益而奔波。可见,追求个人利益是人求生存求发展的自然客观属性,只要不伤害他人本无可厚非。实行改革开放政策后,我国公民的个体权利意识有所增强,在一定时期内社会参与的主动性和内生动力也明显提升,这是我国民主政治发展和社会进步的历史必然,也符合社会参与的发展规律。当然,由于个体利益的诉求和维护往往是分散和随意的,因此,不能仅仅依赖个体利益驱动社会参与走向制度化。

综上所述,本书对参与利益的界定,是基于社会参与特定阶段也是社会参与自身阶梯式发展的特征,描述为在我国社会参与的特定时期,公民为了维护自身利益而参与公共政策和社区活动的行为特征。

四、参与责任的界定

在伦理学术语中，“责任”一词大约在19世纪开始被使用，某种意义上存在着吉布森·温特所谓“野心勃勃”的含义。它对行为进行评价，认为行为的动因在于行为者，而不在于义务本身的宇宙或自然结构。19世纪是一个具有历史性意义的人类思维觉醒时代，科学技术的革新、形而上学体系的垮台都严重冲击了“义务”的固有含义。责任一词通过在法律和大众文化的背景下，对职责和义务进行界定，弥补了原有义务含义的不足。因而，特里·库珀认为，责任应该被定义为在多元化、技术性的现代社会中重建义务的方法。①[51]

在西方思想史中，责任一词最先出现在1787年的英语和法语中。它最初被用来指称美国和法国革命中出现的政治体制，以后，整个19世纪它一直被沿用。当文化与人类交往日益频繁，使民主法治精神在世界上更大范围内和更多国家中传播的时候，责任概念为具有异质文化和不同传统的人们界定了一套共同的价值标准。①[51]

现代汉语词典将责任表述为两种基本含义：一是指分内应做的事，如履行职责、尽到责任、完成任务等；二是指没有做好分内应做的事，因而应当承担的过失，如追究责任、承担后果等。在中国传统文化中，责任一词蕴藏在“天下大同”的理想抱负、“止于至善”的品行追求、“修齐治平”的人格实践，从国家层面、社会层面和个人层面体现了责任情怀、责任意识与责任担当。古往今来的先哲们在不断解释、追问、探寻责任的主体、责任的体现、责任的传承过程中，形成了中华民族特有的责任伦理精神。②[52]

基于此，“社会参与责任”则是指现代公民将参与社会公共事务作为自己分

---

① 库珀.行政伦理学：实现行政责任的途径：第4版[M].张秀琴，译.北京：中国人民大学出版社，2001：11.

② 马纯红.中华优秀传统文化责任伦理的三重维度[N].光明日报，2017-09-25.

内之事与应尽的义务，而无关其是否紧密涉及自身利益，只要关系到公共利益，其都会积极参与，表达自身意愿，贡献自身力量。社会参与已经成为现代公民精神与公民意识的重要内涵与组成部分。本书从我国社会参与的发展阶段出发，把“参与责任”定义为我国社会参与发展到一定阶段的与社会参与权利、参与利益相互对应、相互影响又相互融合的一种社会参与现象。表现为社会参与的主观能动性已经明显增强，对各种社会公共问题的关注日益提升，体现出强烈的公共责任意识。

五、社区治理内涵界定

“治理”（Governance）相对于传统的“统治”（Government）而言，是 20 世纪后期西方学者基于市场经济和福利国家政策相继失灵，社会权力主体日益多元化而提出的一种公共管理新理念。在实践领域，全球治理委员会提出的治理概念具有较强适应性：治理是各种公共或私人机构和个人管理其共同事务的诸多方式的总和；治理是使相互冲突的或不同的利益得以调和并且采取联合行动的持续的过程。治理作为政治学词汇，都是围绕公共权力展开的，反映着治理的主客体之间一定的权力关系。它是通过对公共权力的配置和运用，对社会的管理、协调和控制，以达到一定目标。而要达到治理的目的，必须借助公共权力。因此，在治理的逻辑结构中，公共权力是最核心的概念。

我国从 1949 年以后社区被街居体制和单位体制行政分割，资源与权力高度集中的单一行政控制方式，到改革开放单位体制解体，社区中的街道职能强化、非营利组织发育、利益主体多样化、公共权力结构配置多元化和权力运行的契约化，这与治理理论的理念和提出的现实背景非常相似。因此，治理的理念与模式在近年来被大量引入中国社区发展之中，并成为引导社区体制创新和研究的一个有效概念。本书之所以采用社区治理而没有采用社区建设和社区发展等定义，是因为从国家与社会关系以及公共权力转型的角度，社区治理更能体现社区权力主体之间广泛协商、对话，基于互信基础上的合作，更能体现公共权力运行的契约品格，反映我国当前社区参与处于公共权力转型时期的特质。社区治理的特点是：治理主体由单一化（政府）转变为多元化（政府、社区组织、其他非营利组织、辖区单位、居民），从而使政府组织从过去的政府垄断转向政府、社区自治组织、社区中介组织等多种权威共同参与治理的过程；治理过程由行政控制转为民主协商；治理组织体系由垂直科层结构转变为横向网络结构。社区治理的目标就是通过多元权力对社区治理的参与，在多元权力格局职责分明而又相互依赖的基础上促进社区的良治，最终达到发扬民主、整合资源、促进社区治理的目的。这既是政治体制改革的过程，也是发扬民主的过程，同时也是社区治理和提高居民生活质量的过程。

第三章　社会参与的阶段性演进及其路径变迁

第一节　社会参与的阶段性演化：一个分析框架

在历史发展和社会变革的不同阶段，社会参与的历史条件、时代背景、公民意识、参与目标以及价值追求必定有其特定的阶段性变化，相应的社会参与理论研究、实践制度设计也必然反映这一阶段特征。深入考察我国社会参与的变化历程，客观看待和评价这一历史进程的现实状况和内在特点，是正确认识我国社会参与发展变化的历史规律，推动公民有序参与和国家治理现代化的客观要求。

在对社会参与的阶段演化划分上，学界并没有统一的标准和定论。从现有研究来看，较多的是从政治参与角度，以 1949 年 10 月 1 日新中国建立为起点，分为若干时期。有“两阶段说”“三阶段说”，还有“五阶段论”。“两阶段说”主要是以党的十一届三中全会为节点，划分为改革开放前或改革开放后两个时期。改革开放前的计划经济时期，社会参与的动员型政治特征特别明显；改革开放后的市场经济时期，公民自发理性的参与特色更加突出。“三阶段说”是把改革开放前的社会参与阶段,进一步细分为两个时期:①[53]社会主义革命时期的动员型参与阶段(1946—1966)和“文化大革命”时期的盲目、非理性参与阶段;与改革开放至今的自主理性和制度化参与阶段(1978 至今)并列。“五阶段论”则是在“三阶段说”的基础上,对改革开放后的社会参与作了进一步细分。无论如何划分,新中国成立以来,我国社会参与的发展路径同中国经济社会发展的历史实践基本上是吻合的。

笔者所研究的社会参与范围远远超出政治参与领域范围,涉及宽领域参与实践,以各个阶段表现出的显性特征为基础,并且体现了我国社会参与不断深化、持续递进的整体过程。从公民权利、利益维护和责任担当三个维度将新中国成立以来我国社会参与大致划分为权利确认、利益维护和责任回归三个阶段:第一阶段,1949—1978 年,社会参与权利确认阶段。这一阶段以涉及社会参与的各项权利尤其是一些基本权利的建立为主要特征,社会参与以国家动员的形式推进,社会参与权利得到合法性认可。第二阶段,1978—2012 年,从十一届三中全会到 21 世纪初,属于社会参与的利益维护阶段。这一阶段的主题是公民权利意识的自我觉醒和由于社会利益分化所产生的社会参与新的属性。与过去 30 年被动型特征不同,新的 30 年参与实践更多地体现为主动参与、自主维权。第三阶段,从 2012 年至今,进入社会参与责任回归阶段。这一阶段社会参与的公共理性更强,公民意识、公民精神以及相应的参与责任更为突出,同时,由于中国改革的渐进性特征,问题的积累和效果的延续往往是并存的,权利、利益和责任在这个时期有着主题共存,结构升级和交融发展的特征。从大视角长焦距考察新中国成立以来各个阶段社会参与理论研究、制度发展以及实践特色,从中提炼把握我国社会参与的历史变化,对于发现社会参与的变化规律,评价社会参与进程成效,推进公民有序参与意义重大。

---

① 杜峰. 当代中国公民政治参与制度化研究[D].南京:南京师范大学,2008:48-82.

第二节　我国社会参与的阶段性演进变迁

一、社会参与的权利确立阶段（1949—1978）

新中国成立之前，特别是传统中国社会，社会基本上分裂为两大对立阶级，统治者与被统治者。统治者即是以皇权为核心的官僚封建主义以及后来有所演变的官僚资本主义。正所谓“普天之下，莫非王土，率土之滨，莫非王臣”。讲究大一统的传统社会统治，广大社会民众也即当时社会所谓的“臣民”，只是被统治阶级，阶级差别和身份差异使得社会民众尤其是社会底层的穷人被排除在政治和经济过程之外。

1949 年新中国成立，建立了人民当家做主的人民民主政权，从国家政权体制上保障公民成为国家的主人。各个领域的民主参与权利以前所未有的程度赋予社会群众，极大地激发了人民群众参与国家管理的热情。1954 年宪法的颁布从法律上确立了社会参与国家事务管理的权利。宪法作为国家的根本大法，首先明确了我国的人民民主专政的本质属性，人民当家做主即国家的一切权力属于人民。其次，宪法明确了人民行使国家权力的机关是全国人民代表大会和地方各级人民代表大会。全国人民代表大会是国家最高权力机关。第三，《地方各级人民代表大会和地方各级人民政府组织法》等相关法律法规进一步规范了人民行使参与权利、履行参与职责的内容、程序，人民群众按照法律规定，通过各种途径和形式，管理国家事务，管理经济和文化事业，管理社会事务。从参与的内容来看，可以分为政治、经济、文化、社会等各个领域。如政治领域参与各级人民代表的选举、对政府政策的讨论、对违法犯罪行为的举报等；除政治领域外，人们通过国有企业、集体企业和农村的人民公社参与生产、经营管理，组织参加群体性文艺活动以及帮助社会底层弱势群体等。最基层也是最广泛的是参与社区建设,包括社区治安、公共卫生以及社区集体活动。①[44]

新中国成立初期的政治协商会议正是民主参与精神的体现,在1953年第一次全国性的公民选举中,2.78亿选民参与投票,占登记选民总数的85.88%②[9],第一部宪法的制定与颁布受到广泛的重视与关注,在全国范围内的讨论过程中,共收到116万条修改和补充意见,这都充分体现出社会参与的积极性与广泛性。其后的一系列法律法规的颁布则为社会参与提供了制度保障,1979年的《选举法》和《地方组织法》,明确规定了县乡级人大代表由选民直接选举产生,这就在法律上确立和保障了社会参与政治生活的基本权利,为之后更广泛的社会参与提供基础。

这一阶段的主要成就是各领域社会参与制度得到初步建立,社会参与权利在国家法律上得以确认。尤其是在政治参与方面更为突出。人民直接或间接选举民意代表的人民代表大会制度、共产党领导的多党合作和政治协商制度、保障群众表达合理诉求的人民来信来访工作制度等。一系列社会参与法律、制度和规则的确立,使得社会参与国家管理的范围越来越广泛,人民群众具有了更多表达意愿的合法渠道。

这一时期社会参与的典型特点是参与领域的政治属性尤为突出,一些权利还处于应有权利的阶段。参与主体的被动性和非理性较为明显,特别是"文化大革命"时期,主要还是动员式而非内在自主选择。计划经济时期,国家权力完全掌控了市场和社会的力量,全能型国家职能设定使得市场和社会主体基本没有发育起来。个人利益的缺失,国家主义、集体主义的覆盖,使得参与权利更多表现为形式与本质的分离。比如,从1951年起建立了由街道办事处监管的居民委员会。居民委员会形式上是居民自我管理的社会组织,但在实践中居民委员会也是为了进行社会、政治控制而实施的。参与社区活动主体多为老年人尤其是老年家庭妇女和退休人员,参与活动的内容也多是社区帮困扶贫、社会治安和环卫等事项。

---

① 贾西津.中国公民参与[M].北京:社会科学文献出版社,2008:代序1-2.

② 杨群红.新中国公民政治参与的历史发展[J].中州大学学报,2004(04):68-70.

二、社会参与的利益维护阶段（1980—2010）

从经济学角度，尤其是坚持“经济人”理念的经济学家看来，社会参与只不过是提供了以个人私利影响公共选择的宝贵机会。漠视自利的恒久性是目光短浅的，友情和善意的规劝无法与基于个人私利和获利动机的解释性理念相抗衡。①[54]这里面提出了两个问题。一是社会参与的动机是参与者出于自身利益的考量，或者主要是为了维护个人的合法权益而谋求行动的行为选择。它与我们社会中其他的经济行为没有差异。二是基于利益和自利动机的参与行为才可能是持续的。

从 1978 年党的十一届三中全会开始，随着我国经济体制和政治体制改革的深入，我国经济社会结构发生了巨大的变化。社会主义市场经济的确立和发展，人民生活水平日益提高，促进了个体权益意识的觉醒，价值和利益的变迁引起了公民对国家治理的广泛关注，人们开始追求合理合法的利益诉求。各种不同利益主体的参与、各种制度形式的参与以及各种渠道的参与交互勾连、相互影响，社会参与进入了一个新的阶段。从权利赋予到利益维护，经济社会变迁并不意味着社会参与水平的下降，而是预示着与传统相区别的新型参与需求的出现，社会参与具备了新的属性。经济基础决定上层建筑，以农村、社区基层自治的视角来观察，城镇的居民、农村村民和企业职工等基层群众参政议政更多的是为了自身经济权益能够得到有效保障，这与上层精英的政治参与有着很大的不同。进入 21 世纪以来，在国家房改政策、住宅商品化的改革等政策制度的推动下，自有产权住房时代来临。特别是《物权法》的出台，私人产权与公有产权一样得到合法保护，城市政治社会结构的巨大变化，社会参与结构也出现了新的迹象。

一是新的社会阶层的出现。新的社会阶层相对于工、农、商、学、兵、政等传统社会阶层而言，是一个全新的政治概念，是作为统战对象的新的社会阶层。

① 王巍，牛美丽.公民参与［M］.北京：中国人民大学出版社，2009：21.

它是市场经济发展到一定时期,社会职业多元化、专业化、精细化分工而新产生的一些相对稳定的职业和行业的总和,其外延主要包括个体工商户、私营企业主、外资企业的中方管理和技术人员、民营科技企业的创业人员和管理人员、中介组织从业人员和以知识技能为社会提供服务而获取收入的自由职业者等六大类。虽然新的社会阶层形成的时间短,但随着非公有制经济的发展,新的社会阶层的政治要求日益多样,政治参与愿望也越来越强烈。但是目前我国政治体制不能满足新的社会阶层有序政治参与的需要。现时,新社会阶层中也存在不合法致富问题。从新阶层来看,也有许多致富的路径不合理、不合法,不是靠勤劳守法创造致富,而是依靠贪污、走私、贩私、制假、造假以及其他各种不合法的甚至是犯罪的手段所攫取的社会财富和国家与人民的公共财富致富。

二是业主维权运动的兴起。随着以商品房为标志的私有产权数量不断增加,业主或者其业主委员会与物业管理公司之间的矛盾越来越突出,成为近些年来社会普遍关注的热点现象,其利益的不平衡、不协调使得业主维权运动成为我国当前政治参与的最主要也是最敏感的领域。体现在学术研究上,在“利益维护”阶段后期出现了大量社区业主维权行动事件和学者研究的文献。比如2001 年发生在深圳的“振业景洲大厦业主维权事件”,开发商调包合约中的电梯,使电梯存在隐患、房产证迟迟未办,还有物业管理公司乱收费等问题,振业景洲大厦业主开始了 5 年的维权之路。经过 5 年的坚持、奔走,最终胜诉开发企业,开发企业赔偿一千多万元;同时成功收回地下停车场的产权和经营管理权,打破“老子开发儿子管理”的传统模式。①[55] 2002 年秦兵律师的维权事件,由其起草的“204 条购房补充条款” 由《北京青年报》刊登,受到社会广泛关注。项目组通过中国知网搜索“篇名”为“业主维权”的文章,结果显示,2001 年以来,学界研究“业主维权”的文章迅速增多,在 2007 年达到高点。近年来的研究数量逐渐平稳(见图 1)。比较典型的有陈鹏(2009)[56]的《从“产权”走向“公民权”——当前中国城市业主维权研究》,黄荣贵、桂勇(2009)《互联网与业主集

① 佚名.见这些年深圳著名的维权楼盘[EB/OL].(2015-03-14)[2019-10-19].网易.

体抗争：一项基于定性比较分析方法的研究》[57]，陈鹏(2010)《当代中国城市业主的法权抗争——关于业主维权活动的一个分析框架》[58]，郭于华、沈原(2012)《居住的政治——B 市业主维权与社区建设的实证研究》[59]，等等。可以看出，居民通过“业主维权”的方式参与个体利益维护和国家政策创制在新世纪初的 10 年时间里体现得非常突出。社会参与是出于民主意识、权利意识抑或责任意识的觉醒，还是出于对于自身利益的维护？至少在当时阶段，无论是老年人还是年轻人，业主意识都要强于公民意识，其参与的首要动机是改善城乡接合部的公共服务，是为了争取业主福利而不是行使民主权利。①[60] 很多研究者敏感地意识到业主维权的进步可能意味着中国社会参与开始进入一个新的阶段——逐步探索以维护群体利益(公共利益)为出发点，进而保障个人合法权益的实践路径。业主维权行动以及各个领域公民基于利益维护的行动实践对于推动新型国家与社会关系、社会与市场关系的形成，对于社会参与公共政策制定和规则创新，对于推动社会参与唤醒责任意识和注入公民精神起着重要的推动作用。

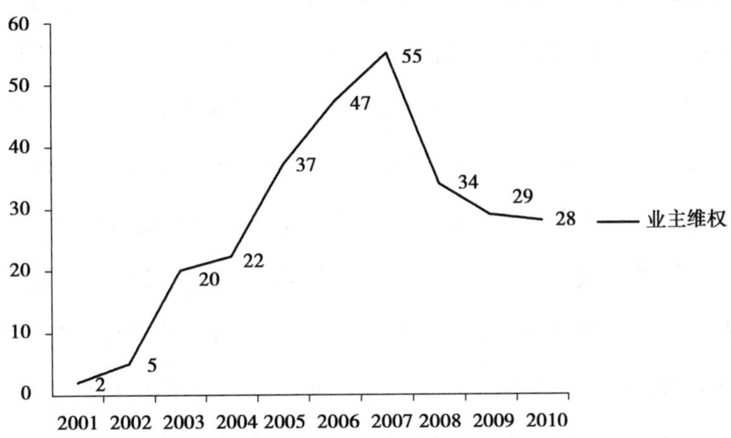

图 1　中国知网搜索篇名“业主维权”2001—2010 年研究文章数量

① 熊易寒.从业主福利到公民权利——一个中产阶层移民社区的政治参与[J].社会学研究，2012，27(06)：77-100，243.

三是涉环保邻避维权事件日益突出。改革开放极大地促进了经济的发展与公众生活的改善,市场经济的建立和完善使得公民的权利意识日益形成,维护自身权益成为这一时期公众参与的重要缘由。厦门的公众反对PX项目的涉环保邻避事件就是典型的公众为维护自身权益而积极参与的例子。海沧PX项目号称厦门“有史以来最大工业项目”,是2006年厦门市引进的一项对二甲苯化工项目,但因为项目地址问题而被公众质疑,项目中心地区距离鼓浪屿只有7公里,距离厦门外国语学校和北师大厦门海沧附属学校仅4公里,项目5公里半径范围内的海沧区人口超过10万,居民区与厂区最近处不足1.5公里。而10公里半径范围内,覆盖了大部分九龙江河口区、整个厦门西海域及厦门本岛的1/5。同时项目专用码头也处在厦门海洋珍稀物种国家级自然保护区。①[61] 2007年3月,中科院院士赵玉芬等105名全国政协委员在全国人大、政协“两会”上联名签署提案,建议厦门PX项目迁址,事件引起了媒体和民众的强烈关注。2007年12月8日,厦门网开通“环评报告网络公众参与活动”投票平台;9日,投票突然被中止,10日投票平台被撤销。在投票结束之时的结果显示,有5.5万张票反对PX项目建设,支持的有3 000票。12月13日,厦门市政府开启公众参与的最重要环节——市民座谈会,会议邀请相关媒体参与旁听,持续四个小时的会议结果是49名与会市民代表中,超过40位表示坚决反对上马PX项目,随后发言的8位政协委员和人大代表中,也仅一人支持复建项目。12月14日,继续举行第二场市民座谈会,有市民代表、人大代表和政协委员等97人参加,62人发言。最终结果,仅10名发言者表示支持PX项目建设之外,其他发言者都表示反对,厦门大学袁东星教授则独立开展了环境评估工作并基于数据和专业知识表达了对PX项目的反对。最终12月16日,福建省政府和厦门市政府决定将该项目迁往漳州市漳浦县的古雷半岛兴建。除此之外,2009年的广州番禺反对垃圾焚烧厂建设、围绕北京阿苏卫垃圾焚烧厂的“垃圾焚烧之争”

① 朱竞若.厦门PX项目:续建、停建还是迁建[N].人民日报,2007-12-19(005).

都是公众维护自身权益而积极参与的体现。

这一阶段最突出的特点是社会民众在权利得到法律确认的基础上，以个体利益为主要出发点，开始主动争取个人和群体的合法权益。在社会公众不断维护权益扩大利益的奋争中，在集体政治转向生活政治的嘈杂和混乱中，个人主义得以迅猛发展。而经济是理解社会和政治体制变迁的更有力的解释概念。①[54]随着市场经济的发展，社会个体创造财富的积极性和能动性被充分激发出来，市场经济所倡导的自由平等意识也逐渐被社会所接受和认同。现代产权制度，尤其是各类财产权利保障制度逐步完善，公民从维护切身利益的角度诱发参与公共治理的内在动力也在不断增强，参与行为日益积极活跃。与此同时，人们对金钱的认可和占有欲急剧增长，社会信任水平急剧降低，人们对社会制度的支持度在持续减弱，有些似乎只顾追求自身利益而淡化其社会责任感、唯利是图。笔者在某一小区调研时，针对当前社会是赚钱重要还是奉献社会重要的选择中，将近90%的居民选择“赚钱重要”。在转型的特殊时期，个人追求利益最大化的行为无可厚非，但反过来的结果就是社会参与的责任感缺失，出现“公地悲剧”现象。更有甚者不择手段地攫取个人利益，损公肥私而堕入违法犯罪的深渊，给国家和社会造成严重损害。

三、社会参与的责任回归阶段（2012至今）

我国经过30多年的高速发展，已经进入社会转型的重要发展阶段，阶层结构开始从“金字塔”向“橄榄球”过渡，中产阶层开始崛起和壮大。随着中国经济、社会的进一步发展，社会参与也发生了深刻的变化。社会参与开始体现出一种全新的公民责任观念。作为集体的一分子，公民将参与作为集体精神的一种体现。一方面整个社会的公共文化发生了变化，公众开始更多地关注社会公

---

① 王巍，牛美丽.公民参与[M].北京：中国人民大学出版社，2009.252.

共事务与公共生活;另一方面随着科学技术的发展进步,大量的公共事务得以迅速传播并形成社会共鸣,而技术又赋予公众参与以便捷,这就在客观上促成了社会参与的发展,随之而来的就是关注公共事务、参与公共事务成为现代公民精神与公民意识的重要组成部分,成为现代公民的"责任",公共参与责任开始形成。

一是大量的以关注社会公共事务、解决社会公共问题为己任的社会组织的出现。以关注环境问题为宗旨的非营利组织"自然之友"就是典型的例子。"建设公众参与环境保护的平台,让环境保护的意识深入人心并转化成自觉的行动"是自然之友的发展使命。自然之友主要通过法律与政策倡导、公众行动、自然教育三方面工作来践行其公民精神,实现社会参与。2013 年起,自然之友通过递交申请书、信函、会谈等方式积极推进京津冀及全国大气污染源的信息公开。其后在 2014 年其又进一步重点推进大气污染源监督性监测信息及排污企业信息的全面公开。在推进环保信息公开的同时,自然之友积极参与并推进相关环境立法与决策工作。自然之友还积极鼓励吸引公众参与环保行动,其整合大气、低碳、垃圾等多个公众参与类项目团队,成立"公众行动中心",并开发出一系列"行动产品",通过不断迭代升级,为各地环保行动者提供更多应对解决真实环保问题的有效支持。

二是党员群体继续发挥积极参与公共事务的先锋模范作用。在社会转型阶段,传统因素或者说一些体制性因素发挥了作用,部分群体的参与责任进一步强化。这里存在着主动担当和被动承担两种责任方式。其路径是党员的先锋模范作用对社会积极分子进行激励,进而最终动员群众参与。在沈阳永丰社区,每个党员必须照料一个问题家庭。党员要为贫困人口捐款、要关注小区的卫生清洁和绿化、保持道路整洁、冬天清除人行道上的积雪等。一名接受采访的 46 岁工人女党员认为,"我为社区做过什么? 在冬天扫雪。这是我应该做的,因为我是党员”。一名老党员说,学员必须是群众的榜样,他们必须走在前面。①[62]四川攀枝花筑炉小区在改造过程中成立了小区党支部,党员发挥了巨大的示范引领作用。党支部还找到了居民自治自管的三股力量:小区业主委员会、志愿者服务队、社会组织。在党支部领导下,居民投票选举成立了业主委员会。负责收集民意,研究小区大小事情,汇总提交党支部民主协商并实施。此外,小区党支部成立了“党员志愿者服务队”“矛盾纠纷调解队”“环境卫生监督队”“小区治安巡逻队”“政策法规教育宣传队”等5支志愿者服务队,以多种形式开展服务活动。社区还积极培育各类社会组织,如“暖心互爱求助协会”“聚艺堂文化协会”,开展互益性服务活动。在党支部的带领和引导下,筑炉小区居民尝试开展自我管理、自我教育、自我服务、自我监督。

三是公共权力主动推动,社会力量深度介入,社会参与责任意识和公民精神在学习实践中逐步提升。参与式预算、公众参与电视问政以及微信新媒体等参与载体不断涌现。在浙江温岭参与式预算创新实践中,社会公众参与之初大多考虑自己利益而很少考虑他人利益,更不用说从公共利益角度参与预算研究。因此,温岭参与式预算实验初期,“多数人理性所造成的集体不理性”问题一直困扰着制度的有效推进,但逐渐地他们也学会了站在全局利益的高度去衡量预算项目,表现出了较好的公共意识和素养。②[63]而政府主动作为与社会民生诉求的深度结合,也使得“电视问政”作为一种新的参与平台和渠道在各地开始出现。这一时期的研究成果众多,主要以武汉、南宁、杭州等城市政府实践为例。王蕾、刘敏智的《城市电视台节目创新“电视问政”促进公民政治参与》(2012)[64];王宁的《官民协商的传统媒介再造——电视问政》[65];王蒙的《“电视问政”对地方政府政策评估的影响分析》[66];李晓敏的《社会治理中的新闻媒体参与研究——以电视问政为例》[67];张立荣、宋祎玮、张金庆的《电视问政与

---

① 海贝勒,舒耕德.从群众到公民:中国的政治参与[M].北京:中央编译出版社,2009:109.

② 陈天祥.公民参与:权利结构在共治中优化[N].北京日报,2016-02-29(014).

城市治理创新——以武汉市电视问政为例》[68]；韩万渠、沈亚平、原珂的《公民在场、政府效能评价与电视问政的运行机制——以武汉市电视问政实践为例》[69]；宋海朋的《公共能量场视阈下话语民主实现研究——以武汉市电视问政为例》[70]；蒋得兴、黄昱的《从电视问政剖析公众参与政府治理的可行性——以南宁市〈向人民承诺——电视问政〉节目为例》[71]等。这些研究成果大都围绕公众参与电视问政的五个要素，即参与主体、参与内容、参与平台、参与功能、参与效果进行分析阐述。从众多研究者的分析论述中我们能够看到政府回应性显著增强，参与的互动性充分展现，已经形成一种现象级的参与浪潮。

第三节　新时代社会参与的复杂性与融合性

党的十九大报告指出，中国特色社会主义进入新时代，新时代的重要命题是推进国家治理体系和治理能力现代化。从国家治理逻辑来看，促进社会参与是国家治理现代化的必然要求。

一方面在执政党主动推动下，我国的民主政治持续发展，尤其是进入 21 世纪以来，“扩大公民有序政治参与”成为重要发展方向（见表 2），公民政治素养不断提升，参与需求不断增加。越来越多的社会个体和社会组织主动参与公共事务管理与服务，公民权利的结构更加合理和进一步优化，这既是整体社会发展进步对公民权利结构调整的外在需求，也是公民自身由内而外的自我调整。但从当前社会参与的实践来看，公共治理能够给予社会参与的范围和空间仍然比较狭窄，实质性的参与较少而形式化的东西较多，导致社会参与的热情下降；政府信息公开的不到位，不对称的信息环境决定了社会参与的能力难以提高；而对激励社会参与又缺乏有效的制度激励措施，这些都无法推动公民有力有序和有效参与。有学者研究了互联网时代北京、上海和郑州三个城市青年政治参与状况。得出的数据显示，有 47%的青年选择“糟糕”，约 40%的青年选择

"说不清楚"，仅有约10%的青年选择了"充分"。说明当前我国青年政治参与权利仍然缺乏保障，参与的不公平、不平衡问题仍较突出。①[72]青年是对政治参与非常敏感的一个群体，数据结果也显示了这一群体对参与现状的不满。

表2　新世纪以来历届党代会关于"社会参与"的阐述

党代会	内　容
十五届五中全会	首次提出了"扩大公民有序的政治参与"的目标
十六大	"健全民主制度，丰富民主形式，扩大公民有序政治参与，保证人民依法实行民主选举、民主决策、民主管理和民主监督，享有广泛的权利和自由，尊重和保障人权"
十七大	"坚持国家一切权力属于人民，从各个层次、各个领域扩大公民有序政治参与，最广泛地动员和组织人民依法管理国家事务和社会事务、管理经济和文化事业"
十八大	要健全基层党组织领导的充满活力的基层群众自治机制，以扩大有序参与、推进信息公开、加强议事协商、强化权力监督为重点，拓宽范围和途径，丰富内容和形式，保障人民享有更多更切实的民主权利
十九大	扩大人民有序政治参与，保证人民依法实行民主选举、民主协商、民主决策、民主管理、民主监督；维护国家法制统一、尊严、权威，加强人权法治保障，保证人民依法享有广泛权利和自由。巩固基层政权，完善基层民主制度，保障人民知情权、参与权、表达权、监督权。加强协商民主制度建设，形成完整的制度程序和参与实践，保证人民在日常政治生活中有广泛持续深入参与的权利

另一方面随着市场经济改革的不断深化，公民利益观念回归，人民群众的"权利"意识越来越强，维权行动时有发生，参与的动因也日益多元化复杂化。新时代的主动参与可能建立在维护公共利益的基础上，但也可能建立在追求个人利益的基础上。所以主动参与类型是一个与利益的关联度特别显著的

① 雷开春，杨雄.互联网时代青年对公民政治参与权的认同[J].当代青年研究，2016(06)：11-17.

多元函数。例如2012年报道的3起环境群体性事件,四川什邡钼铜事件、启东王子造纸厂将废水废物排放海中事件、宁波群众抵抗PX项目施工事件,这些事件的发生引起社会的广泛关注和社会各界深度参与。公众参与环保事件既有个体利益之维护,也具有推动社会事务发展的公共责任属性。政府开展环境评价的目的也是阶段性的协调经济和环境保护、群体利益和整体利益之间的冲突。基于环境保护的一系列群体性事件,反映出当前我国社会参与的复杂性与融合性。

可以看出,我国社会参与发展到今天已经走到一个新的阶段。在新的时期社会参与的权利保障、利益维护和责任培育三大主线在这个特殊阶段彼此交织,相互影响、相互融合,表现出极为复杂的时代特征。在"完善中国特色社会主义制度,推进国家治理体系和治理能力现代化"的历史背景下,这是一个由传统因素向现代因素转化的过程,既需要权利、利益、责任三个参与要素之间不断深化融合,同样也要求参与权利的内在结构、参与利益的内在结构,以及参与责任结构的不断优化升级。

第四章 阶段性演进视角下社会参与评价指标体系

第一节 构建评价指标体系的原则和依据

中国的转型在本质上是重塑国家与社会、国家与市场之间关系的复杂实践过程。因此,十八届三中全会提出国家治理体系和治理能力现代化的改革总目标,要求政府、市场和社会依法共同参与国家治理,要求不断扩大公民依法有序参与政治经济和社会事务。为了对这一历史实践有一个深入客观的描述,课题组成员对转型这一伟大历史实践进行检验分析,来探究国家、市场与社会关系的深刻变化对于社会参与进程的影响。对于国家治理现代化进程中社会参与围绕着权利、利益和责任三大主线展开了相关研究。这一研究为研究我国社会参与阶段性演进与评价指标体系奠定了重要基础和前提。

衡量我国社会参与的阶段演化,需要构建一套具体评价指标体系。作为评价我国公民有序有效参与目标实现程度的具体指标设计,既需要符合科学化的理论逻辑,也要与我国国情的客观实际相契合,又要具有实际操作价值。由于我国社会参与涉及范围广、领域宽、主体日益多元化,建立具有普遍适用价值的指标评价体系难度非常大。因此,评价指标坚持重点考量社会参与的静态的制度设计效果,同时适度考虑个案动态的参与过程与结果的实际成效。

一、理论联系实践

本研究以国内外社会参与理论的研究成果以及各领域公众参与实践的总结为基础，并结合我国社会参与不同发展阶段的现实国情，探究社会参与指标评价体系的构成要素，构建能够在社会参与的各个领域实际应用并能引导实践的公众参与评价体系。一是在学理上，遵循社会参与的前提基础、内在动力和发展方向三个方面，运用公民权利理论、公共选择理念和协商民主理论的核心要义，从权利保障、利益维护和责任培育三个维度构建整体的指标逻辑体系；二是在实践上，依据我国社会参与的路径历程，聚焦权利、利益和责任三个阶段的主要特征，构建二级和三级指标体系。

二、简洁易懂

本研究旨在提供一种可供参考的指标评价，重在总结抽取一些核心要素，希望一方面能够推动社会参与指标评价体系的研究，另一方面即使不是专业研究者也能够简洁明了地掌握和通过指标进行初步的判断。一是指标的设计不要太过于复杂，三级指标足以。在二级和三级指标的设计上量也不要太多，更无须赋予权重，因为我们更侧重静态的分析评价。二是由于参与的公众自身差异和评价者自身的专业束缚，故评价指标的选择要简单、明了、易懂，切忌太过专业。

三、可操作性强

评价指标体系设计的目的在于实践。本研究不仅要在描绘社会参与历程和引导未来社会参与发展方向上提供参考思路，还要在我国社会参与实践中能够加以应用，尤其是在社区居民参与治理领域，意在考察和推进社会参与具体进程。这就要求具体的评价指标的概念要清晰突出、易获取，在后期统计和数据处理时较便利,且数量要足,指标的设计应以相关部门和研究机构的标准以及研究成果为参考,得出的结果便于被采纳。

第二节　评价指标体系设计的逻辑解释

本研究充分借鉴现有文献研究中指标设计方法和相关体系,选择一些具有共性的核心因子,构建能够体现社会参与阶段性、有效性和成长性的指标体系。阶段性要求整体上体现出我国社会参与经历的权利保障、利益维护和责任引导三个阶段;有效性强调多大程度上维护参与者的合法权益并实现参与目标;而成长性则是指参与责任感和价值观的提升,是社会参与阶梯式进步与可持续发展的必然要求。综合以上方面考虑,着眼于促进有力有序有效的社会参与,在充分借鉴国内外相关研究成果的基础上,从权利保障、利益维护和责任引导三个阶段出发,设计了 3 个一级指标,9 个二级指标和 19 个三级指标,构成了一套完整的社会参与评价指标体系(见表 3)。

表 3　基于阶段性演进视角下的我国社会参与评价指标体系

一级指标	二级指标	三级指标
权利	法律制度	明确制度性规定
		是否为必要条件
		明确的法律责任
	实现渠道	渠道是否充足
		信息是否充分
	程序保障	操作性步骤
		可获取工具

续表

一级指标	二级指标	三级指标
利益	利益相关性	参与内容的相关性
		参与对象的代表性
	参与成本	经济成本
		社会成本
	反馈机制	意见采纳情况
		监督救济机制
责任	公共意识	公民文化
		公益性参与的政策导向
	参与能力	知识储备
		参与技能
	社会组织	社会组织成长状况
		载体的有效性

一是“权利”一级指标要素包括了法律制度、实现渠道和程序保障 3 个二级指标;二级指标又具体设计了“明确制度性规定、是否为必要条件、明确的法律责任、渠道是否充足、信息是否充分、操作性步骤、可获取工具”等 7 个三级指标,构成了“权利”要素的指标体系。

二是“利益”一级指标中含有利益相关性、参与成本和反馈机制 3 个二级指标;利益相关性涉及参与内容的相关性和参与对象的代表性两个三级指标;参与成本则包括了经济成本和社会成本两个子因素;反馈机制主要是指对社会参与意见有无反馈,相关建议意见的采纳情况以及当无反馈或意见不被采纳利益受损后是否有相应充分的救济设计,包括了意见采纳情况和监督救济机制两个三级指标。

三是“责任”一级指标中包括公共意识、参与能力和社会组织 3 个二级指标;其中,公共意识中设计了公民文化与公益性参与政策引导两个要素;知识储备和参与技能则构成了“参与能力”的三级指标;社会组织涉及了社会组织的成长状况以及载体的有效性两个要素。

一、权利保障维度考量因素

在中国,公民权利的建构过程就是从臣民社会到公民社会演化的过程。现代政治或者政治民主化的发展历程就是最大限度地追求公民权利的实现。1949 年新中国的成立奠定了我国社会参与的政治基础。在改革开放之前的 30 年里,各领域各方面各层次推进社会参与国家政治建设、经济建设、文化建设和社会建设的政策法律制度陆续出台,包含了各类法规、规章和政策性文件。改革开放以来,我国的公民基本权利保护有了很大的进步,从以宣示为主已经到宣示和“制度性保障”并行。①[73]这一阶段有关社会参与的制度建设是史无前例的,这也决定了社会参与已经有了坚实的法律保障。“权利保障”是社会参与国家治理的基石和前提。将“权利保障”作为分析评价我国社会参与的一级指标,既是理论研究的思考升华,也是社会实践的深刻总结。

权利保障首先需要明确的是主体问题、来源问题,是谁赋予了社会参与的权利,主体当然是国家的宪法和法律,也就是社会参与权利是由国家法律所赋予的,这就要求法律上有实质性、明确性甚至强制性的内容规定;比如在重大行政决策公众参与方面,2004 年出台的《全面推进依法行政实施纲要》首次要求“广泛听取各界意见”,而 2010 年的《国务院关于加强法治政府建设的意见》则明确了“公众参与”是必经程序,2014 年的《关于全面推进依法治国若干重大问题的决定》更是将“公众参与”正式确定为重大行政决策的五大法定程序的第一步程序。②[74]其次是实现渠道问题。就是公众通过哪些途径可以参与,参与渠

---

① 程乃胜.论对公民基本权利的制度性保障——从卡尔·施米特的“制度性保障”理论谈起[J].社会科学家,2015(01):24-29.

② 桂萍.重大行政决策之公众参与制度[D].苏州:苏州大学,2016:70-88.

道的多少直接决定了参与权利的实现。早期较多的价格听证、行政立法、环境评价听证等形式多样的听证会、论证会、座谈会等的公众参与模式也已然成为重大行政决策过程中的常态风景。新时期的热线电话、电视问政、电子政务、微信公众号等更是层出不穷,不断创新。而政府透明和信息公开是两个必需条件,知情权是参与权的前提和基础,信息是否公开以及公开的程度决定了公众参与的范围和深度。第三是程序保障问题。法律制度的实施细则和具体的操作手段。这就需要有详细的操作步骤和可资利用的工具,程序正义才能保障实质正义,没有动员、激发和用公众可达性的方法做公众参与,就不可能有真正的公众参与。

"权利"指标体系的设计主要考量社会参与的静态要素的评测,但在涉及具体个案的评价时还有动态参与过程、参与结果以及参与程度的分析评价问题。在法律制度要素方面,还要衡量内容的充分情况、赋予公众参与的权力大小、公众参与过程的长短、参与的广度深度、权利实现程度、是否对结果起决定性作用以及不采纳公众建议的法律责任①等;在参与渠道方面,既要考虑公开的渠道的数量、参与的透明性,也要适当考虑渠道的通畅度、实际利用率以及效果;在程序保障方面涉及法律程序约束力、参与范围是不是全面、参与程序是否全程性、程序是否科学合理和人性化。

二、利益维护维度考量因素

利益是社会参与的永恒主题,也是评价社会参与的不可缺少的要素。中国俗语有云:"无利不起早",虽然功利性太明显,但不得不承认,利益维护是社会参与的内在的核心的动力源泉。改革开放以来,伴随着市场化的进程,原本在计划经济阶段被重重压制"逐利"的本性和欲望开始得到巨大的释放。人们不

① 《中华人民共和国环境影响评价法》和《环境影响评价公众参与暂行办法》中都没有对政府主管部门不采用公众发表的建议的法律责任做出规定。而这也反映出立法者既想用公众参与监督行政权力,保护环境,同时又留下一定调整空间,避免因为公众的参与而限制行政决策效率和经济发展速度。

再谈利色变,也不再因利获罚。正是每个社会个体追求利益、财富最大化的过程,才有了今天社会整体财富的不断增加;正是每个公民积极投入参与国家的政治建设、经济建设,才有了今天的民主政治和市场经济的发展。对于公民个体利益既要科学客观地认识,更要积极主动地维护。

利益维度首先要考虑的就是利益的相关性问题。参与的事项与个体利益相关程度即参与内容的相关性直接决定了社会参与的积极性和主动性。当利益具有充分的可预见性时,会极大提高一部分社会参与公共政策制定的积极性。参与对象的代表性则决定了公民利益诉求能否得到真实性和实质性的反映。其次是参与成本。不仅涉及参与者出于自身利益维护的角度,也关系参与者对参与成本和收益的基本核算。公民作为参与者,会从成本收益的角度考虑是否参与或者参与的程度。一般而言,如果预期收益明显小于所需要付出的成本或代价,大多数人会选择放弃参与。这不仅影响社会参与的积极性,也制约社会参与的深度和效度。经济成本包括时间、物力、财力、信息等直接成本;社会成本涉及社会压力、参与风险等。还有参与方式的合理性、便利性以及政府信用、公众对政府的信任程度等产生的间接成本;只有在降低社会参与成本上下功夫想办法,才能减少公民在参与上的搭便车行为,也才能真正推动公民积极参与。第三是反馈机制。反馈机制主要是指对社会参与意见有无反馈,相关建议意见的采纳情况以及当无反馈或意见不被采纳利益受损后是否有相应充分的监督救济设计。这一指标涉及公众意见反馈机制、居民意见采纳情况,其结果直接决定了居民对项目的认同度、居民对结果的满意度以及居民对政府政策制度的信任程度。

利益维度的直接体现就是低成本、高收益。马骏、牛美丽在其主编的《社会参与》一书中对此进行了分析。所谓低成本因素:一是公民积极参与旨在发展社区福利的公益项目;二是主要利益相关者在地域空间上相对集中,可以更容易地参加聚会;三是公民有足够的薪金,不会因为参加会议而使实际收入下降;四是社区同质性程度比较高,代表数目较少;五是小型团体的决策效率也较高;

六是政策议题不会要求代表在短期内迅速掌握复杂的专业技术信息。①[54]高收益因素：一是问题陷入了僵滞状态，社会参与有利于破解僵局；二是公民对政府的敌对情绪较高，通过开展参与活动，政府机构可以在获取社区公民认可的基础上成功地执行政策；三是具有特殊影响力的社区公民愿意成为代表；四是团体领导人在代表群体中享有很高的声誉；五是问题吸引了利益相关者的极大关注，如果不采取相关行动甚至可能出现治理危机。②[54]

三、责任培育维度考量因素

理性成熟的社会参与状态应该是既注重参与者个体利益的维护，同时又能兼顾公共利益，这是促进公民有序参与的必然要求，也是维护社会稳定和社会秩序的基本保证。改革开放以来的很长一段时间，市场领域的“利益法则”“丛林法则”严重侵蚀着政府公共领域和社会自治领域的公共价值观，“唯利是图”“个人利益至上”等观念更是被奉为金科玉律，远离了有责任意识和公民精神的社会，脱离了负责任的政府，社会参与往往成了私人泄愤的途径，成为非理性、无序以及无政府主义的代名词，也极有可能成为被不法之徒利用的工具，其结局只能是祸乱和灾难。因此，社会参与的责任培育至关重要，应该顺应全球化时代发展的要求，实现公民身份从权利到责任的转向，构建公民权利和责任相对平衡的关系。③[75]既是针对近些年社会参与中存在的突出问题，也是为中国未来社会参与的可持续发展考量。

责任培育首先要考虑公共意识的树立。这涉及公民精神公民文化的培养和教育，要破除几千年来中国的家长式和威权式的社会文化，在“公而灭私”和“因私废公”之间寻求一个合理的空间。这是一个长期的社会和国家之间互动互促的过程。需要国家建立和完善各种公益性参与的政策导向，建立和健全规

①② 王巍，牛美丽.公民参与[M].北京：中国人民大学出版社，2009：24.

③ 杨四海，程倩.T.H.马歇尔社会权利理论的困境与公民身份的责任转向[J].江苏师范大学学报(哲学社会科学版)，2015，41(2)：108-112.

范有效的参与机制。同时，对于社会个体而言，要想获取参与的实际效果，参与能力的提升是必不可少的要素。包含所要参与领域或者参与项目的相关知识储备、理性的认识和判断，而不是非理性的无理取闹。参与者素质包括参与技能的提高也是必需的，熟练的参与技能使得参与本身更顺畅，达到事半功倍的效果。最后，有序有效的社会参与是建立在有组织之上的，有组织的参与是负责任的重要条件，公众参与必须形成“有组织的声音”，这是避免个体私利的非理性因素破坏性的重要载体。需要着手建立完善社区居民代表大会（农村村民代表大会）、社区议事会、监事会等社区组织以及各类非政府组织、行业协会商会等具有公益性质或准公益性质的社会团体和民间组织，以促进公民有序参与。

“责任”指标体系内在地包含了政府责任和公民责任，目的在于政府创造条件引导培育公民有力有序有效参与国家治理。因此，具体的要素以静态衡量为主，具体到个案可适当考虑指标的变化过程和结果情况。比如，社会组织二级指标，除了要计算社会组织的数量、覆盖面等因子外，还要考量社会组织成长状况、活动方式、社会地位以及载体的有效性。再比如“参与能力”要素，它是实现有力有序有效参与的充分条件，《中共中央 国务院关于加强和完善城乡社区治理的意见》明确提出要重视社会参与能力的培养①。这一指标需要整体分析评价参与的过程、参与方式方法的选择以及所产生的社会影响和效果，而不仅仅是参与项目的最终结果。

---

① 《中共中央 国务院关于加强和完善城乡社区治理的意见》提出，增强社区居民参与能力，提高社区居民议事协商能力，凡涉及城乡社区公共利益的重大决策事项、关乎居民群众切身利益的实际困难问题和矛盾纠纷，原则上由社区党组织、基层群众性自治组织牵头，组织居民群众协商解决。支持和帮助居民群众养成协商意识、掌握协商方法、提高协商能力，推动形成既有民主又有集中、既尊重多数人意愿又保护少数人合法权益的城乡社区协商机制。探索将居民群众参与社区治理、维护公共利益情况纳入社会信用体系。

第五章　基于社会参与社区治理的分析评价

严格意义上说，社区不能被算作一级行政机构，却是社会参与公共治理的最佳场所。自治的意义主要取决于规模因素，治理的形态也应从与公民切身利益相关的公共事务开始。正是基于这样一个顺序过程说，社区治理成为社会参与公共事务的起点，也是“公民治理”实现的基点。①[76] 在我国社会参与的实践探索和文献研究中，社会参与公共政策的制订和社会参与社区治理是最主要的两个领域。笔者认为当前应以社区治理作为我国社会参与民主实践的基石与突破口，在社区治理中公民身份的主体性、参与权利的契约性和参与自主性、利益关联性体现得更为直接、最为明显。因此，本书选择社会参与社区治理的层面来考量我国社会参与的阶段性演进历史并进行适度分析评价。

第一节　我国社会参与社区治理的历史演进

一、我国社会参与社区治理的历史演进——从身份到契约

1949 年以后的中国，实行以单位制度为代表的全能主义政体，形成强国家、

① 杨丹华. 工具理性与价值理性的冲突及其调适[D].武汉：武汉大学，2009：135-184.

弱社会的局面,私人空间被压缩到最小范围,社会未经充分发育,行政权力无所不在,普遍存在着国家政权对社会事务的包揽、干预和侵犯,使中国的社会发展长期处于停滞状态。社会运作的低效率和高成本导致政府不堪重负,单位制度最终走向解体。中国的单位制度与公民社会有着此消彼长的关系,在严格的单位制度下,公民社会没有生存的空间;而当单位制度逐渐走向解体,公民社会开始显露出生机,社区治理为公民社会的发展提供了良好的契机。社区治理的根本目的是建立现代公民社会,也是建立与中国的民主政治、市场经济体制相适应的中国城市基层社会管理模式。社区治理除了政府的力量以外,还需要建立一个强有力的民间社会来承担大量的社会事务,它将推动中国社会的发育,促进中国的城市社区逐渐走向自治。中国公民社会的发展将是一个长期的艰难的过程,还有很长的路要走,但可以从社区治理起步,中国城市社区治理无疑为其提供了一个理想的切入点。

新的活动主体和新的公共利益空间的出现预示着新的社会关系的产生。在传统社区,居民总隶属于一个单位,即是所谓的“单位人”,他取得住房是基于他单位的身份,他行使社区管理权也是基于身份向其单位组织提出。而在新式社区,居民参与社区事务的方式完全不同了,居民取得参与资格是基于购房合同获取产权,居民通过契约授权给业委会行使其业主的权利,最重要的是业委会通过签约来委托物业公司代理行使社区管理权。由于契约关系,业委会与物业公司形成平等的权利义务关系。分配社会资源的规则发生重大变化,物业公司需要通过竞争获得这份管理资源,但竞争的标准是服务质量的高低,而不是他在政府体系中的级别、地位,以及和政府关系的远近。这样,对于物业管理市场资源的分配,就由从前的政府分配转变为由产权人(居民通过竞聘物业的活动)来分配。而这一点,又成为物业公司负责(代理)对象改变的原因,过去它们仅向自己的上级负责,现在转变为向居住者负责。这意味着,他们由前者的代理转变为后者的代理。就社会关系转型而言,居民通过一个个签订合约的行动,实践着一些现代社会的规则——自主、选择、对等、参与、公共授权、公民责任、行动的法律依据等，他们改变了以往一切依赖组织的习惯。正如19世纪英国法制史学家亨利·梅因在其名著《古代法》中所说："进步社会的运动，到此处为止，是一个从身份到契约的运动。"社区居民通过契约，发展出了对于共同事务的处理的权利和责任以及运用这种权利和责任平衡强弱力量不同社会团体的能力，整合了公民共同利益，强化了公民基于合约基础建立的信任、监督和自我控制关系，这是一种典型意义上的公民自治，是朝向法治社会的基础性变迁。

二、社会参与社区治理的内容和意义

现代社会问题的复杂性决定了只能由政府和社会联手共同解决，其中社会的作用更为重要，而社区则是解决各种社会疾病和社会问题的基本场所。社区治理为公民社会的发展提供了良好的契机。社区治理的根本目的是建立现代公民社会，也是建立与中国的民主政治、市场经济体制相适应的中国城市基层社会管理模式。社区治理除了政府的力量以外，还需要建立一个强有力的民间社会来承担大量的社会事务，它将推动中国社会的发育，促进中国的城市社区逐渐走向自治。中国公民社会的发展将是一个长期的艰难的过程，还有很长的路要走，但可以从社区治理起步，中国城市社区治理无疑为其提供了一个理想的切入点。

社会参与包括政治参与和对公益事务的参与，是建立在一定区域内的城市居民对公共利益的共同关心以及对公共事务的参与，主要是对居住区的环境、安全、卫生、公共财产、公共服务、社会福利等共同利益的关心以及公共事务的参与处理。它一方面推动非政府组织的壮大，弥补国家在促进经济社会发展时动员力上的不足，另一方面也通过利益整合、表达来催生公民社会、推进民主进程。当然，对于尚未成熟的社区而言，参与社区公益事务的可行性更大。此外，由于公益事务非常贴近个人生活，相对远离宏大的政治话题，所以扩大社会参与甚至比城市街道"直选"等建议显得更具有现实性，而它的稳妥可行和催生民主观念的特质，则更具有本质上的意义。在社区参与过程中，社会参与的行为方式和途径主要有三类:一是以个人身份参与社区的选举或建设规划,二是作为某个组织或单位成员参与到社区发展中,三是组合成多种类型的非正式组织,如志愿者团体或其他中介性机构参与社区的福利服务和保障性工作。由于近年来社区自治的逐步推广、推进,社会参与社区治理和管理已取得成效。社区治理将为中国的自下而上的政治改革提供一条思路。

社会参与是全球社区治理中的核心问题,广泛的社会参与是一个直接决定社区治理民主化程度的本质问题,是社区自治的内在要求和深厚基础,是社会权力运作的必然选择,是我国实现社区治理由外源型政府主导向内源型公民自治发展的关键,也是社区治理长远发展的根本所在。可以说,公民社会和社区治理都离不开公民的广泛的社会参与。没有公民的广泛参与,公民社会和社区治理就是一句空话。公民广泛的社会参与,既是公民社会和社区治理能否成功的关键,也是其终极目标之一。而健康的社区治理,将极大地调动广大公民的参与热情,重塑积极的公民人格,进而推动公民社会的建立和发展。

第二节　公共权力转型期社会参与社区治理的必然性

一、社会参与是社区治理权力合法性的基础

与传统计划经济体制相适应的全能政府同时是全权政府,即管理社会的治权高度集中于各级官员,实行命令式管理。形成区—街—居委会的单极权力链条,公共权力配置的单极性必然造成权力运行自上而下的单向性,而无须被治者的同意。这不仅使"主权在民"的宪法原则难以体现,而且可能造成权力的异变。新型社区管理体制的核心是居民参与社区公共权力的运作。社区居民应该是社区公共权力运作的主体。如果居民没有足够的权力参与社区的选举以及公共事务的决策、管理和监督,就不可能热心于社区事务,所谓的善治也就丧

失了基础。

随着我国政府与社会关系的调整，政府公共权力一头独大的权力运行体制向多元参与的契约属性转型。社区治理权力作为一种新型的公共权力，从公共权力的产生来看，它是“适应公共社会需要处理公共事务而产生的”，应包括“国家权力和社会自治两个部分”。从公共事务的范围来看，凡社区个体成员无力提供或者由社区个体成员提供规模不经济的社区服务，均可归之于社区公共事务，它可以涉及经济、政治、教育、社会保障以及文化娱乐等广泛的方面。正是社区公共事务的广泛存在，才使得独立于社区个体成员的公共权力变得重要。就当前中国城市社区正在推行社区自治的现实，“治理”主体或社区公共权力的主体应为社区居民本身。居民成为自己的“治理”主体，其权威的合法性是建立在公民广泛参与、普遍同意的基础之上。公民的普遍认可和同意成为社区公共治理权力合法的基础。普遍的认可或同意就是以自由沟通和相互交涉的制度机制作为前提的。通过这样的机制，国家利用所掌握的各种资源对社区施以引导或管理，社区亦利用自己的资源对国家进行批评、监督。这样，作为社会现代化的直接政治后果，扩大社会参与就成为城市社区治理的大势所趋，亨廷顿甚至认为更大规模的参政是现代国家与传统国家的最大区别。

二、市场经济与市民社会的推动

改革开放后，我国市场化导向的经济改革促使中国逐渐从计划经济体制向社会主义市场经济体制转轨。社会主义市场经济的发育成熟使得传统的针对社区高度集权的行政管理体制难以为继，集权式体制向参与合作体制的过渡成为市场经济发展的必然要求。首先，市场经济的发展使得人们的利益出现了分化和多元化，人们形成了各种不同的利益群体或利益集团。同时，人们日益感受到作为社会价值权威性分配者的政治国家的存在和对人们生活的影响。出于维护和增进自身利益的需要，人们的参与要求日益迫切。所以，社会参与社区治理是市场经济条件下追求和维护个体利益的必然体现。而且，利益驱动的社会参与也是社区治理的持久动力。其次，市场经济是天生的平等派，商品生产培养着人们的自由、平等观念和权利意识，其中就包括参与的自由和权利。广泛而平等地参与社区治理是公民维护自己合法权利的有效途径。权利意识的觉醒是社会参与社区治理的持续推动力量。

我国社会主义市场经济体制的建立，深刻地改变了政府与社会的关系，从而为基层群众自治的发展提供了广阔的空间。从最一般意义上讲，市民社会是指个人、团体按照非强制原则和契约观念进行的自主活动，其主要特征就是公民的自主参与。随着国家与社会关系的调整，市民社会开始生成和崛起，国家政治事务以及社会公共事务逐渐由政府机关转移或下放给各种非政府公共组织（NGO）管理或参与管理，而市民社会的发育与发展有利于城市公众参与和城市"契约型"社区的生成和发展。由于城市系统本身日益复杂化和城市市民的日益觉醒与参与意识的提高，社区自治组织越来越成为城市发展的重要资源。一个必然趋势就在于：随着时间的推移，自治和组织参与的渴望必然会从对现实利益的追求中衍生出来，而当社会分层进一步加剧时，一部分未能进入国家权力体系的经济精英也会转身把社区作为实现自己政治抱负的场所。

三、公民权利和公民精神的体现

社会参与是现代民主政治制度下公民所具有的一种普遍性和广泛性的行为。一方面社会参与是民主的表现形式和公民权利的重要内容，只有"当公民享有一系列允许他们要求民主参与并把民主参与视作一种权利的时候，民主才是名副其实的民主"。①[77]20世纪英国社会主义者、政治学家柯尔认为，民主就是一种人民参与的政治制度，而实现这种参与的社会政治形式则是以社团为基础的自治。美国政治学家科恩也认为："民主是一种社会管理体制，在该体制中

① 赫尔德.民主的模式[M].燕继荣，等，译.北京：中央编译出版社，1998：18.

社会成员大体上能直接或间接地参与影响全体成员的决策”①。[37]民主政治的核心是人民参与的过程。社会参与是公民权利的首要内容,尤其在社区治理领域,社会参与是公民自治权的直接体现。《公民权利和政治权利国际公约》第二十五条明文规定,每个公民应有直接或通过自由选择的代表参与公共事务的权利和机会。各国的宪法也都对公民的参与权利做出了规定。如我国宪法开篇的第二条就明文规定“中华人民共和国的一切权力属于人民,人民依照法律规定,通过各种途径和形式,管理国家事务,管理经济和文化事业,管理社会事务”。另一方面社会参与是实现民主和维护公民利益的重要工具。在我国现阶段,公民通过自身或社区组织参与社区公共事务管理和公共权力的运作和行使,进而影响公共政策的制定和执行过程,使自己的主张和利益诉求在政府的立法和行政决策过程中得以体现,从而实现自己的民主权利和保护自身的利益。

计划经济时代全能政府的权力渗透到社会的方方面面,权力控制社会,将“官本位”观念推到了极致,抑制了公民精神的发育。在这样的社会,人们丧失了主体性,仅仅是自上而下的控制体系中的一个环节而已。每个人都觉得自己拿不了主意,人们也就不对自己的行为承担责任。公民社会是民主参与的社会。社会参与是经常性、制度性的公共参与,如参与社区治理等。而公民积极主动的社区参与,不仅表现出对国家制度的民主认同,而且洋溢着社区治理中主人翁的公民精神。综合而言,公民社会就是确立公民的资格、参与公共的生活、认同法治的国家、体现公民精神等要素的总和。诚如“米勒所言,公民认为自己对于决定社会未来的命运有着重要的作用,并对集体决策负有不可推卸的责任,他必须在政治上表现积极,不仅是参与重大问题的讨论,而且还应积极参与重大事务的决策。此外,公民也不应把政治看作获取个人利益的途径。他的行为必须符合作为一个公民的标准,他是集体的一员,对促进公共利益负有责任。”②[78]

---

① 科恩.论民主[M]. 聂崇信,朱秀贤,译.北京:商务印书馆,1988:1,10.

② 俞可平.社群主义[M].北京:中国社会科学出版社,1998:72-74.

四、有限政府建设的内在要求

依据契约论的阐述，政府的产生是源于人们让渡出自己的部分权利，形成公共权力来保护公民的权利和自由。而德国学者卡尔·施米特则从公民权利和国家权力关系出发，认为有些权利不应该受法律的限制，是早在国家出现之前就存在的；有些权利因为具有政治属性，不能不受限制；而有些是必须要受到约束的，多是国家赋予公民享有的社会权利和自由。①[79]所以，政府从一开始就是有限的，其权力和职能都是有限的。从个人权利与公共权力的因果关系看，个人权利是“因”，公共权力是“果”——这是从霍布斯、洛克到卢梭各种版本的社会契约论所共同告诉我们的东西。公共权力是为个人权利服务的设施，个人权利才是公共权力的前提。所以必须明确规定国家合法权力的范围。国家在行使权力时不能是无限的和随意的，而应当是有界限的。社会中的每一个人只是将他的一部分权利，即主要是将自己作为裁判者和执行人的行动控制权让渡给国家。因此国家权力的范围也仅限于社会成员转让的这部分权利。在国家行使的合法权力的范围内，个人负有服从国家行动的义务，国家有权做出符合其权力范围内的强制性的决定，以迫使个人改变或遵从某种行动，但在这一权力范围之外，它是每个人所拥有的私域，在这一私域中，个人就不能被国家或任何其他人所任意强制，国家无权干涉个人的行动和私权。

中国的社区成形“后发”于西方，适度的国家主义倾向或许不失为一种阶段性“后发优势”。但是公民社会的成形依赖的是从内部建立的道德规范和行为秩序，不必过于仰仗来自外部的国家强制力量。因此要强调两个维度上的“有限政府”理念。一个是时间纵向上的。和西方城市社区一样，中国社区治理官民二元动力机制也是动态的，构建公共领域的需求迟早会让政府的触角退让——这只是时间问题，政府必须未雨绸缪，因势利导。其次是空间横向上的。

---

① 施米特.宪法学说[M].上海：上海人民出版社，2016：243-264.

政府对社区事务的干预是有限度的,基层政府必须超脱各种利益,专事履行公共管理的职能,不能说管得少的政府就一定是好政府,但是管得过多的政府肯定不是好政府。政府不管,谁来管呢?把这些任务转移交给非政府组织和社会自治组织。从我国社区治理的现状来看,长期计划经济体制下形成的社区管理模式导致政社不分、社会化管理严重滞后,管理体制极不适应城市现代化进程中繁杂而艰巨的管理任务。应进一步树立"小政府""有限政府"的理念,坚定不移地进行职能转变;要突破政府职能和权力只在行政机关内部上下转移的框架,实行管理重心、权力向社会、社区和民间组织转移;把相当一部分城市管理和服务职能从单位分离出来,还之于社会;从市政府分解出来,向社区聚集,由社区公民自主管理。

五、信息技术的应用与电子政府的实践提供了技术保证

在行政权与公民权二元结构体系中,行政权对公民社会的过度扩张,必然导致公民权的退缩。电子政务的发展,实质上就是利用信息技术,特别是网络技术,来构造现代的政府结构形式和运行方式,并进而推动和实现行政权与公民权的一致。电子政务状态下,政府将部分职能转化为数字化方式,向公众提供不受时间、空间限制的全天候在线服务,彻底改变了传统政府治理模式下各自为政的职能分工和运行方式,要求政府彻底实行职能转变和运行方式改革,更大地发挥和完善其为公众服务的职能。近年来,一些西方国家为改善政府管理,不断提升公民地位和加强对公民权的重视,如丹麦政府提出了"回应性国家"的理念,美国政府提出了"顾客至上"的主张,把公民当作顾客,坚持服务为本,公民至上。电子政务的发展,在推动政府职能的转换、重组、优化和运行机制再造的同时,也促使公民权利得以凸显和实现。电子政务的发展,促进了行政机关与公众的良性互动与合作,有利于公众参政议政权的实现,公众参政议政,是公民实现政治权利的重要方式,也是现代社会政治民主化的一个重要标志。近年来,随着互联网技术的发展,网络社区(Cyber Community)开始在一些

城市出现,向我们展示了一种全新的社会治理模式——直接民主下的开放治理。网络的匿名性和开放性使居民参与的安全性和自由性大大提高,因而居民的参与积极性也得到加强。网络空间的无等级身份特征也使得居民参与社区治理的平等性得以实现,使社区的多元力量对社区治理的参与呈现出更大的自由和便利。

六、解决政府失灵和市场失灵的需要

政府和市场本身存在的"政府缺陷"和"市场缺陷"引导着我们关注第三域的价值。市场一般被认为是解决如何提供私人消费物品问题最有效和最好的方式。不同的生产者和不同的消费者个体各自追求自身利益的最大化表面上似乎是无序的,但在亚当·斯密所称的"看不见的手"的作用下可以有序化而产生社会秩序。需求效应和价格机制被自由主义经济学家视为稀缺资源的最优分配方式。然而市场一般也被认为不适合于共同消费物品的提供。由于"搭便车"等现象的存在,市场无法很好地解决公共物品问题。解决这个问题有赖于非市场机制,首先便是政府。作为公共政策制定核心与执行主体的政府,并不是神造物,并不具有无所不在和正确无误的天赋。"公共选择理论的中心命题和全部的理论意义也就是'政府的失败',即国家或政府的活动并不总是像应该的那样'有效'或像理论上所说的能够做到的那样'有效'。"①[80]公共选择学派认为,政治家和官员不过是政治上的"阉人",他们在参与公共政策时有自私的动机,政府不可能自动代表公共利益。这一观点虽然有点偏激,却从另一层面反映了一个事实:人都是复杂人,作为制定与实施政策的政府官员也有经济人的一面,也要追求自身利益,政府机构本身也不是一个没有自身利益的超利益组织。由于政府在社会生活和经济生活中所处的特殊地位使其在制定与实施公共政策时,往往会借社会利益之名行机构私利之实,这当然就难以制定并执

---

① 丁煌.公共选择理论的政策失败论及其对我国政府管理的启示[J].南京社会科学,2000(03):44-49.

行正确而有效的公共政策,必然导致政府失败。退一步讲,即使政府官员能完全代表公共利益,也由于其知识可能是不完备的,所获信息可能是不充分的,理性能力是有限的等因素,而导致其行为的结果与目标背道而驰。因而政府也不是一帖万能灵药,因为在现代民主社会里,政府的公共决策需要得到多数人的支持,于是少数人的需求往往得不到保障,甚至被牺牲,也就是托克维尔所揭示的"多数人暴政"民主制度的固有倾向。而有别于政府的另一种非市场机制即第三域就有了存在和发展的理由。尽管存在种种争议,但一般认为第三域可以响应少数人需要,满足特殊群体的共同需求,提供更人性化的服务,这便是在城市化进程中或城市里培育和发展市民社会最有力的理论依据。于是越来越多的人热衷于以治理机制对付市场和(或)政府的失败。治理理论的理想境界善治,"实际上就是国家权力向社会的回归,善治的过程就是一个还政于民的过程,表示政府与社会之间的友好合作,它有赖于公民自愿的合作和对权威的自觉认同,要求公民的积极参与",①[81]通过合作、协商、伙伴关系等方式形成一个政民互动的合作网络。

第三节　社会参与社区治理个案分析评价

一、一个上海社区纠纷的案例

浦东清水苑小区由"畅苑物业"管理,后者的"上级行政单位"是该小区的原开发商"金桥房产"。居民入住以后,根据《上海市居住物业管理条例》,经过业主代表投票选举,产生了业主委员会,由 7 人组成。半年以后,委员会发现,"畅苑物业"在几个方面不能令人满意:小区违章装修,有 200~300 户装修时拆了承重墙,物业公司对此"眼开眼闭",因为这些装修公司和物业公司"有特殊关

---

① 俞可平.治理与善治[M].北京:社会科学文献出版社,2000:1-15.

系”,造成了安全隐患;小区治安不合格,一年多时间内发生了 12 起入室盗窃案;小区绿化问题,有大片草坪树林遭虫害而死;多收费问题,经计算,物业公司每平方米多收了 6 元维修基金,总数达到 100 万元,拒绝还给业主。另外,小区的活动中心、路边商业用房、车库、物业公司用房等,这部分公共设施的控制和赢利,被物业公司掌握,但管理和维修费用却由居民负担;清水苑的维修基金,大约 120 万元,按照条例应当列入业委会账户,由业委会管理,但物业公司没有照办。在双方谈判没有效果的情况下,业委会内部产生分歧意见,但多数委员决定另聘物业,通过选聘选择了“上房物业”。但有关方面认为,选聘物业的条件还不成熟,表态应以团结为重,于是,清水苑物业拒绝移交物业管理权,上房物业也在“上级管理部门来电指示”后,来信婉言谢绝了应聘签约。业委会起诉畅苑物业公司,但法院认为业委会公章未正式备案,起诉未果。有报道说,上海这种情况已经出过十多次了,小区业委会和物业公司有矛盾情况多,关系好的少。①

二、基于阶段性演进视角的分析评价

根据表 4,对于一级指标“权利”而言,基本的法律制度保障已经具备,实现参与权利的渠道和信息也比较充足,具体的操作性步骤和可获取的工具方面也有较为完善的程序保障。但是应该按照“业主委员会意见”还是听从“相关方面的指示”没有明确规定。也没有明确“如果不同意或者不采纳居民参与的意见和建议时,是否应该承担相应的法律责任”。导致业主委员会代表社区居民的自治管理没有真正落实。

① 资料摘自北京大学社会学系张磊等对该案例的访问记录。

表 4　基于“权利”一级指标体系的分析评价

二级指标	三级指标	指标分析
法律制度	明确制度性规定	关于小区物业管理的权限和业主委员会成立、职责有《上海市居住物业管理条例》的地方法律法规为依据，表明制度性规定比较明确；但是关于“业主委员会意见”还是“相关方面的指示”谁更有效没有体现出来
	是否为必要条件	小区经投票选举成立业主委员会，由业主委员会代表社区居民与物业谈判协商；从参与整个纠纷处理的角度分析，应该是必要条件
	明确的法律责任	从最终结果来看，“相关部门”没有同意业主委员会重新选聘物业的意见，对于居民建议意见不采纳是否应该承担法律责任没有明确规定；清水苑物业拒绝移交物业管理权是否应该承担相应法律责任
实现渠道	渠道是否充足	从整体纠纷处理过程来看，有谈判、有协商、有司法诉讼，途径比较充分；对“有关方面”“上级管理部门”的决定的复议渠道没有体现出来；或者召开“居民代表大会”进行表决的渠道
	信息是否充分	从整个过程分析，业主委员会参与纠纷解决的相关信息应该是公开的、充分的
程序保障	操作性步骤	关于选举投票的程序比较规范、业主委员会履行职责调查物业管理存在的问题虽无明确说明，但应该有相关规定；而与物业公司谈判到司法诉讼都是有严格的程序保障。否则，不会因为公章未正式备案而无法起诉
	可获取工具	业主委员会调查物业公司管理问题，事实清楚，数据充分，表明社区参与具备相应的支持工具

从“利益”一级指标的分析来看（见表 5），社区纠纷的案例涉及社区居民整体利益和每个个体的切身利益，参与内容的利益相关度非常高。业主委员会的

代表性也很强。在社区纠纷的处理中，居民代表所要花费人力、物力、财力、时间、谈判、协商等经济和社会成本相当高，如果结果不理想或者事非所愿，那么以后的社区参与将会很难推动。而相关救济机制的不顺畅，渠道的不充分都将使社会参与社区治理的道路越发漫长艰难，而政府的公信力也会受到侵蚀。

表 5　基于“利益”一级指标体系的分析评价

二级指标	三级指标	指标分析
利益相关性	参与内容的相关性	上海浦东清水苑小区的物业纠纷与业主委员会的职责密切关联，也与小区每个居民的利益息息相关，参与内容直接且密切
	参与对象的代表性	业主委员会是由小区居民代表投票选举产生的，能够代表小区居民的利益。并且，业主委员会在履行职责的过程中，显现出较强的知识储备和参与技能，能够真实客观反映小区居民诉求
参与成本	经济成本	业主委员会调查了解物业公司管理问题、与相关部门沟通协商、与物业公司谈判以及进行司法诉讼，包括在选聘新物业上内部矛盾协商，显示所需要人力、物力、财力、时间等经济成本应该不低
	社会成本	“有关方面”的介入和“上级管理部门来指示”都应该给业主委员会的维权行为造成一定压力，而业主委员会仍然坚持通过司法途径起诉物业管理公司，其来自各方面的压力和风险就可想而知了。同时，业主委员会内部的分歧也是其成员承担的社会成本
反馈机制	意见采纳情况	本案例中的意见采纳情况比较明确，“有关方面”和“上级管理部门”都表态不同意业主委员会的决定，不同意的理由不够充分，是否与业主委员会充分沟通并不明确，这可能影响居民对社区自治的认知
	救济机制	业主委员会决定重新选聘物业的意见不被认可后，司法救济机制比较明确；小区居民是否可以行使监督权、如何行使，有关部门是否有监督权都尚未明确

根据表6,从“责任”一级指标来看,小区业主和业主委员会积极主动履行职责,参与社区治理,但受制于体制机制约束,影响和效力有限,专业技能略显不足;而政府在支持社区履职尽责、支持社区发展方面,明显不够,职能转变不到位,还是以管理控制为主,与社区自治的要求还有很大差距。

表6 基于“责任”一级指标体系的分析评价

二级指标	三级指标	指标分析
公共意识	公民文化	社区居民代表投票选举产生业主委员会,委员会成员维护小区公共利益尽职尽心,表明小区整体公民文化、公共素质较高
	公益性参与的政策导向	政府相关部门在本案例中是有限度的政策引导,积极支持成立业委会,但在更换物业公司方面考虑过多,支持不够,限制了社会参与的效果,将给未来的社区参与实践造成不良影响
参与能力	知识储备	委员会组建半年后,能够对物业公司管理当中存在的对违章装修不作为、治安不合格、绿化问题、多收费问题、维修基金等问题深入调查了解,有理有据,并能与物业公司协商,知识储备较好;但公章未正式备案问题表明诉讼司法等专业领域仍然缺乏知识,或者缺少专家支持
	参与技能	在整个纠纷处理中,从业主委员会选举产生、调查物业公司存在问题、内部协商形成决议、外部谈判到司法起诉等环节,可以看出,业主委员会成员参与能力还是比较强的,素养也比较高,参与方式方法也很得体
社会组织	社会组织成长状况	清水苑小区成立了业主委员会并能实际履行职责,表明该组织成长状况较好;这要好过当前中国大多数社区“有业主委员会之名而无履行职责之实”
	载体的有效性	业主委员会权能明显不足,虽然其尽力履行了职责,能够代表业主与物业进行谈判,也能够通过重新选聘物业的决议,但受制于“有关方面”的压力,未能实现目标

三、英国约克郡的邻里论坛制度

在约克郡,邻里公民论坛创办于 1992 年。在随后的几年中,这种论坛组织在各个城市发展起来,达到 21 个,每个论坛的规模为 3 000~8 000 人。论坛为开放的会员制。会员们将他们关心的事情和认为需要讨论的社区事务,以书面方式写成信件,投到论坛的信箱中,由论坛志愿工作者收集、整理,形成专题(panel),然后,定期由论坛成员讨论、对话,以协调利益,达成共识。邻里论坛是公民表达自我意见、观点沟通的重要场所。

论坛活动的形式多种多样。为了便于社会参与,论坛经常以一个专题为中心,召开"旅行会议"。他们经常把会议开到街道的广场上,或学校的礼堂里。论坛还有培训方案,教会人们怎样就某个公共问题展开讨论。邻里论坛讨论的事情大到社区的公共政策,如社区公立学校的教育品质,社区犯罪青年的社会工作开展;小到邻里间的事务处理或冲突协调,如设置狗秽物垃圾箱或安装家用栅栏等。

官方对公民论坛的评价是:"20 世纪 80 年代以来,分权的趋势更多的不是权力下放,而是赋予(enabling)公民以权利。在这种背景下,我们不能再让行政官僚从事和把持每一件事情,我们必须认同自下而上的动作形式。我们需要更多的组织参与设计公共事务管理,而不是强制推行。当然,我们得花一定的时间去努力推动这个过程。"该地方志愿者组织的领导人指出:"我们需要让公众组织自己在公共事务管理的每一个领域展开探索。当地方的居民感受到,他们怎样能够提升自己,发展自己,这是一件多么令人激动的事情啊!我们最先做的就是让居民参与邻里论坛会议,和咨询官对话,以便能够决定我们的社区应该做什么。"①[82]

---

① 孙柏瑛.当代地方治理:面向 21 世纪的挑战[M].北京:中国人民大学出版社,2004:236-237.

四、中外社会参与社区治理的比较分析

从约克郡与清水苑的比较(见表7),可以得出以下分析结论:

表7　约克郡与清水苑社会参与社区治理制约因素比较分析

制约因素 / 社区	权力属性	方法	方式	制式化程度	公民角色	政府角色	权力理念	社区权力主体间关系
约克郡	契约	协商对话	直接为主	完善	积极主动	合作支持	赋权	自由平等
清水苑	非完全契约	矛盾对抗	间接为主	不完善	消极被动	管理控制	限权	自由不对等

第一,约克郡的社区公共权力已经实现了从传统向现代的转型,体现了完全契约的属性,社区治理权力是一种基于自由平等主体自主协商达成同意的公共权力。而我国社区各权力主体间还不是完全平等的关系,政府权力或准政府权力仍居于主导地位。

上海的纠纷案例反映了中国城市社会正在经历重要的社会变迁:伴随着我国社会的转型,社区公共权力也相应发生了转变,一种新型的公民组织正在出现,它产生于居民选举,服务于居民的财产保护和权利救济,它试图以对等的身份、以契约形式建构社会关系秩序。自然地,它同政府单方面授权的原基层管理组织形成权力竞争。这种变化对基层治理构成了明显的挑战,业委会和街道、居委会的权力竞争,反映了规范社会秩序的权威来源和体制的冲突。

案例中的街道、行政相关部门的行政管制意味着,它正在阻止社会成员自主制定契约关系的发展,而这种契约关系,是社会成员之间建立合作和依赖关联的基础。这样安排的结果,将鼓励普遍存在的合作发生,各方面的利益在社会领域将得到控制和协调。在我们的案例中,清水苑业委会和竞聘的物业公司之间,正在发展这种关系,但这项发展契机,在行政干预下被阻止了。

第二,传统行政社区的影子还不同程度存在,政府组织仍然以管理和控制的理念和方式来对待社会参与。对社会参与缺少支持和鼓励,缺乏合作的意识和服务的理念。

居委会、房管处等这些机构是原有制度环境的产物,在房屋财产关系变化后,它的制度成本就充分表现出来了:他们和居民形成权利或利益上的竞争关系,不断"离间"着基层行政组织和居民的利益联系。而行政的管制正在强化这种负面的关系结构,阻止新的社会契约关系形成,从整个社会变迁来看,它的效果不是正面的:它将不断强化积累冲突的社会结构,而这正是产生社区冲突的基础性要素和各种问题的根源所在。很显然,争议的扩大、扩散和升级,不仅损害行政的权威和效率,而且对建立社会合作具有负面作用,它激励的是社会组织对政府的依赖,而不是社会自我依赖、约束、管制和监督能力的发展。因此,即使从政治方面考虑,我们也有充分的理由指明,这样的处理结果对社会秩序并不具有建设性意义。

第三,社区社会参与的意识有所增强,他们的行动实践着不同以往的社会规则——自主、选择、对等、参与、公共授权、公民责任、行动以法律为依据等。这是我国市场经济和民主政治发展的必然结果,是社会进步的体现。只是积极主动参与的公民精神还缺乏,只在利益被侵害时,才奋起反抗。主要是长期缺乏民主锻炼所形成的公民消极人格。

清水苑案例显示出来的种种社会变化,说明社会正在要求确立公民权责(citizenship)的若干基本原则:建立社会参与社会管理的责任;增进社会信任和监督关系;发展权利义务对等的社会关系;同时,一些公民组织正在用行动实践这些原则。这些变化,是朝向法治社会的基础性变迁,因为它涉及法治社会的基础建构——非个人的社会关系,并在这个基础上组织社会秩序。很明显,这是符合更大范围公民需要的改善,即"公共的善",也符合"交换的公正"原则。这种改善所体现的价值,完全可以和其他的公共组织分享,它和政府的目标也应该是一致的。

第四,我国还处于公共权力转型的特殊时期,社会参与社区治理的制度化程度不高,参与机制还很不完善,涉及社会参与权利、参与范围、参与方式等具体操作还缺乏制度性规范和保障。党的十八届三中全会提出推进国家治理体系和治理能力现代化的目标,伴随着我国公共权力的转型,从基层民主治理发端,构建以公民为主体的制度化的社区公共权力运作机制,保障公民积极、和谐、有序的参与,不失为一条可取的路径选择。

第六章　社会参与社区治理存在的问题与对策分析

第一节　社会参与社区治理存在的主要问题

公民广泛的社区参与是一个直接决定社区治理与治理民主化程度的本质问题,它是社区治理的深厚基础,是实现社区治理由外源型行政推动向内源型自治发展的关键,也是社区治理长远发展的根本所在。目前,社会参与社区治理还存在一些不容忽视的问题。其中最突出的是制度化程度不高,在一些地方和单位,社会参与往往流于形式。主要问题有:

一、社区公共权力的非完全契约化问题

在我国,随着社会主义的建立和计划经济模式的确立,中国城市社会的绝大多数人都有一个固定的工作单位,这种单位组织的特征首先是行政功能强化,单位实际上是国家行政组织的延伸,这就能保证整个社会的运转借助自上而下的行政权力有序地进行。其次,单位同国家及下级单位的关系,以及单位同职工的关系是行政性的而非契约性的。第三,单位组织不仅有专业功能,而且具有广泛的社会功能,起着政府的作用。每个工作单位之间都是行政关系,

横向纵向形成了一个一元化组织系统。在社会转型以前,中国城市人口的特点被一些学者形象地概括为“单位人”而非“社区人”。占城市人口大多数的“单位人”,对其社区的要求极低,因此,城市社区的服务设施也非常少,几乎是完全不发育的。从某种意义上说,单位制度,就其本意而言,实现了整个社会生活的高度组织化,克服了旧中国“一盘散沙”式的总体性危机。就实现其预期的组织功能而言,是有效率的。但随着时间的推移,单位制度也产生了一系列的消极后果,在社会生活领域的集中体现是:单位社区化。“单位社区化”有两层意思:一是单位和社区在城市地理空间上的重叠;二是通常所说的“单位办社会”,用单位的多元化功能取代了社区功能,从而构筑了一种封闭、狭隘的社会生活空间,形成了“单位人”千篇一律的生活方式和“等靠要”的依附性人格,最终导致了社会创造性活力及民主自治意识的窒息,也制约了社区社会参与意识的觉醒和参与自由权利的行使。

随着国家和社会关系的变化,政府职能转变、政府管理重心逐步下移以及单位社区的逐渐解体,我国正在构建适合现代化发展的新型社区,目标是以治理为特质的社会自治组织,社区治理的公共权力的获得和行使是基于社区治理各方一致同意,需要广泛对话协商,利益平衡最终通过一定的策略达成行动的共识。可以说,没有共识形成也就没有治理的存在。但实际情况是,我国处于传统社会向现代社会转型期,传统社区管理的观念、权力架构和管理方式还在不同程度影响着现代社区的建设和发展,“行政社区”或“单位社区”在一定时期、一定空间内还存在,社区公民的参与意识还很缺乏,社区公共权力也处在转型的特殊阶段,还不是完全契约的性质,而是处于一种过渡形态,即非完全契约,或者说契约不完全。本书所说的契约不完全是指计划体制在向市场体制转换过程中,契约双方权利义务的不对等以及客观上契约仲裁者的行动者的角色对契约的干预和影响,契约主体与国家之间处于持续的互动过程中。无疑,现代契约理论对自发共识的形成寄予了厚望,但在实际中,社区治理共识的形成固然是不断接触、相互沟通、相互妥协的过程,而这其中仍然存在着主导者、协调者的角色。

二、政府主导的道路选择问题

社区治理的本义是在政府倡导和引导下，依靠社区力量，利用社区资源，解决社区问题，促进社区经济与社会的协调发展。广泛的社会参与和社区自治是其本质的要求。而事实上，从各地区的实践来看，所选择的都是政府主导的道路。政府主导的道路，由于现实中多种因素的制约，往往换汤不换药，依然是“行政化社区”的道路，暴露出很多弊端。

政府能力有限。传统公共权力行政化倾向把街道变成了实质上的一级政府，街道政府职能和管理范围急剧地扩大，人员膨胀，从而加重财政负担，耗费较高的管理成本。这有悖于转变职能、精简机构的改革方向。随着市场的完善，政府管理与经济运行要适当分离，社区行政所需要的强大财力将难以为继。对于社区而言，行政因素向社区弥漫渗透，完全挤占了基层社会的自治组织空间，使得正常的社区力量和机制难以发挥作用。

官僚主义惯性。行政网络的扩展使社会进一步融入国家权力体系的控制。政府的主导推动使得社区治理热烈而富有成效。但政府统揽却使社区成员把社区工作看作政府工作的简单延伸，社区的工作主要是落实政府任务，从而加剧社区成员原已养成的依赖心理和授受意识，参与意识淡薄，反而不利于社区志愿组织的成长发育。一些政府官员具有严重的官僚主义思想，不尊重公众应有的政治权利，仅把公众当作公共政策的客体，认为公众理所当然应绝对接受和服从公共政策，致使“社会参与”仅流于形式或被当成某些领导的恩惠或权宜之计，严重阻碍了社会参与的正常发展。所以，“随着权力转移至社区，公共机构管理者和雇员应该对其角色、态度和期望做出调适。但这谈何容易，因为这意味着要改变政府的组织文化，‘城市规划者不习惯聆听社区居民的意见，也不习惯与之分享权力,他们不知所措。'"①[83]

资源分配不公。由于实践中是政府主导着我国社区的治理和发展,政府掌握着社区治理的大量资源,所以资源的权力分配而非市场配置仍是其痼疾所在。由此产生的资源浪费、权力腐败和分配不公再加上资源本来的缺乏,严重影响了社区的健康发展,也制约了社会参与社区治理积极性的发挥。

发动社会参与社区治理和社区自治是社区的本质及其生命力之所在,当前社区治理中出现的政府越位、居委会错位、社会参与缺位等问题皆源于制度性缺陷和结构性矛盾,解决问题的关键在于合理限制国家的权力,把政府在社区治理中的角色定位于参与者、推动者和监督者。准确把握社区的功能定位,动员社会参与社区治理和发展,探索居民广泛参与社区治理的有效途径,构建与社会主义市场经济相适应的社区治理模式,无疑是当前社区治理中的重要课题。

三、社会参与动力与能力问题

社会参与意识不强,权利观念淡薄。社区居民自觉自愿参与社区活动或事务的程度,是社区开明程度、健全水平和活力效度的反映,是社区发展的一项综合指标。但目前中国的城市居民社区参与的广度和深度都较低,尤其是城市"上班族"的社区意识普遍缺乏,不少人不热心参与社区活动和事务。

社会参与动力不足,缺乏一定的社区参与利益机制。市场经济社会,"利益导向行为取代了价值导向行为"。②[84]个体的逐利本性得到了社会价值的认可。社区治理是一项公益事业,社区居民都会受益,但未必人人有责,容易"搭便车"。促使很多居民对社区治理工作视而不见,漠不关心。加之,现代社会工作生存的压力比较大,人们往往奔波于名利场。缺少时间和精力去关心社区的建

---

① 奥斯本,普拉斯特里克.摒弃官僚制:政府再造的五项战略[M].谭功荣,刘霞,译.北京:中国人民大学出版社,2002:223.

② 哈贝马斯.合法性危机[M].上海:上海人民出版社,2000:29.

设和发展。农村社区自治组织建设之所以取得巨大成就，在于村民对社区治理的参与度极高，其根本原因在于农村社区治理的好坏都关系到每个村民的切身利益。而在城市社区，由于大部分居民工作不在社区，其经济收入来源并不在社区，充其量只是需要一个安定、清洁、便利的居住环境，因此，居民与社区治理的利益关系度不如村民与农村社区治理的利益关系度高。

课题组通过对一些社区的调查显示，当前，有两种社会参与的现象值得关注。一种是受教育程度较高，经济、政治影响力较强的社区群体参与不积极的现象；另一种是经济、政治影响力弱的弱势群体参与较为积极的现象。究其根源，主要在于各自的立场和利益的不同。弱势群体积极参与是由于想获得来自社区的支援与帮助，比如低保的名额、资金的分配等，而经济、政治地位较高群体则由于自己的利益已超出了社区职能的范围，换言之，社区参与不会带给其更大的利益，所以，参与的积极性不高。弱势群体的积极参与有其积极性的一面，也有其消极性一面；积极性一面在于能够通过参与保障其公民权利，锻炼其公民精神；消极性一面在于有可能助长其对国家政府的依赖心理，不利于公民角色意识的形成，从而不利于社区自治的发展；而经济、政治地位较高群体的不积极参与，不仅其经济、政治资源难以充分利用，无助于社区参与质量的提升，也不利于其自身公民精神的培养。

社会参与能力缺乏，经验不足。受公民的自身素质，对资讯的掌握程度、理解程度及对政策目标实现的可能性和途径的认识等诸多因素的影响，现实中社会参与的能力与参与要求不符，其行动显得笨拙，参与效率低微。尤其，我国长期“行政社区”的影响，“公众逐步成为官僚组织化的行政国家的臣民，人民主权的理想受到损害。埃米特·雷德福德（Emmett Readford）在其经典著作《行政国家的民主》（1969）一书中写道：‘行政国家中公民的第一个特点在于他们对大多数国家做出的涉及他们利益的决定漠不关心，他们的参与无异于服从。'"①[85]社区居民长期习惯于信赖政府做出决定,习惯于服从,没有形成较高的参与素质,所以整体上,现阶段我国社会参与社区治理的能力和经验不足。

社会参与方式单一,范围有限。社区参与大多表现为被动式执行性参与。这种参与不是出于自愿、主动,而是在组织(主要是指政治组织)和社区工作人员的动员、劝诱、说服下的参与,其参与的形式主要是执行社区管理机构业已形成决定的事项,并不涉及社区公共事务的决策和社区公共权力的运行,居民在社区权力运作上缺少发言权。社会参与范围有限。非政治性参与是目前居民参与的主要内容。而政治性参与基本限定在选举居委会和选举各级人大代表,且参与规模不大,广泛性不足;对于社区公共事务和公益事业的决策和执行,对于社区治理与治理规划的制定与执行,对于政府的行政管理活动和公共服务的提供等则很少参与。

缺乏正常和通畅的参与渠道,参与机制不完善。居民参与社区事务缺乏一套详细规范、操作性强的程序或规定作支撑,具有较大的随意性,使得参与渠道不通畅,参与机制不完善。现实中,社区管理机构的邀请成为普通居民参与的主渠道。常常是社区管理机构感到必要了,就召集居民来开会、布置、传达,或者是政府有关部门提出了要求,街道和社区居委会又赶快组织居民落实。而法定的居民自我组织如社区居民会议功能又极不完善,不能为居民群众提供正常的参与机会。

社区居民自觉自愿参与社区活动或事务的程度,是社区开明程度、健全水平和活力效度的反映,是社区发展的一项综合指标。但现阶段,居民参与社区事务缺乏一套详细规范、操作性强的程序或规定作支撑,具有较大的随意性,使得参与渠道不通畅,参与机制不完善。这使得目前中国的城市居民社区参与的广度和深度都较低。据课题调研组对沈阳市几个社区社会参与情况的一项调

① 罗森布鲁姆,等.公共行政学:管理、政治和法律的途径[M].张成福,等,校译.北京:中国人民大学出版社,2002:482.

查表明，当居民维护自己的合法权利不受侵犯或希望解决有关社区问题时，首选途径是向有关主管职能部门提出诉求，占 56.3%，其次是利用私人关系，占 15.6%，通过社区居委会这一社区群众性自治组织的仅占 14.2%。造成上述问题与现象的原因既有长期的行政社区文化束缚的影响，也有公民自身权利观念淡薄，缺乏权利本位的理念和参与的责任意识。但根本原因是社区利益诉求渠道的缺失和参与机制的不完善。在现实中，几乎没有一个组织哪怕是社区之外的能够实际承担利益代言的责任——城区人民代表大会没有街道一级的设置，社区居委会忙于应付街道布置的行政事务，招聘的主任甚至没有民选合法性。以离退休党员为主体的社区党组织缺乏活力和影响力，无力干预社区资源调配。至于新建的社区代表大会、协调委员会，多数缺乏法定依据，形式意义大于内容。社区的利益需求既不能“上达”，便无从实现。长此以往，社区参与的冷漠也就不足为奇了。

即便如此，但利益诉求渠道还只是一个浅表性的话题。深层的问题在于：如果社区事务的决策者中有“民”，那么就无须什么组织来代言；如果决策主体中没有“民”，那么再完善的诉求渠道也要看政府的“脸色”行事。抛开政府部门的“自利性”不谈，即使存在一个对称的官民信息沟通渠道，但是“民”着眼于社区权益，“官”着眼于稳定发展，思考问题的出发点就不一样。这样的权力运行结构，要是能一劳永逸地避免官民冲突反而倒是怪事了。因此，社区公共治理权力的二元动力机制与一元决策主体本身就形成了社区治理的深层结构矛盾。

四、社会参与的非制度化与无序问题

“制度参与”与“非制度参与”是政治参与分类的一对范畴。制度参与是以宪法秩序框架内所创立的公民政治参与的一系列具体操作规则为前提，具有合法性、合规则性、有序性；非制度参与则是“突破现存制度规范的行为，也是在社会正常参与渠道之外发生的活动”。固然，不加分辩地说“非制度参与是非法的”过于武断,但在社会有正常参与的背景下公开的、非理性的、非常态的制度外参与行为具有非法性、违规性、无序性却是不可否认的。无论是现代民主政治理想模式的发展要求,还是整合各种利益冲突实现社会政治稳定的需要,扩大制度参与和控制非制度参与具有同等重要的意义。

在社区治理当中,公民如果在制度内寻求不到参与的利益,必然会转向制度外的参与方式,非制度政治参与是对权威关系的挑战,一旦失衡,政治动荡就将产生,当前,非制度参与的扩大趋势更多地表现为一些破坏性参与,就尤其值得警惕,比如社区居民用不合法不正当的方式,向执法人员,街道、社区干部甚至更高级的干部行贿,以达到仅凭自己的力量无法实现的目的;居民由于生活贫困,社会保障不到位,问题不能解决而采取一些极端行为,或是你提了建议、意见,没人理你,可能还有人给你“小鞋”穿,结果制度内参与者越来越少,最后没人参与等。

究其原因,固然有民主动员和训练不够,社会参与意识缺乏的因素,但社会参与的制度化较低是非常关键的。社会的失控、失序的基本根源之一是个人未被适时授予随发展所应授予的权利:充分自主地治理个人利益的事务和参与相关公共利益事务的权利,因而,个人也不具备保护自己及相关公共利益的能力,投机策略甚至反社会的负面行为就成为个人的普遍的选择。我国的基本社会制度为社会参与提供了根本保证,但具体的规划参与行为,畅通参与渠道,保证参与实施的制度却不够健全,致使许多社会参与以非制度化的形式出现。同时由于缺乏公开透明的权力运作机制,保障有效参与的制度又不完善,致使制度参与的成效较低,促使公民滋生对理性参与选择的动摇和对制度参与的不信任。因而,当前社会参与社区治理最重要的是创建社会参与的各项制度,为公民制度内参与提供保障。诚如奥斯特罗姆所言:“迫切的必要性有时会变成创造的源泉,而不是在出现制度失败时让社会势力自行走向灾难。”①[86]

---

① 奥斯特罗姆.复合共和制的政治理论[M].毛寿龙,译.上海:上海三联书店,1999:7.

五、社会参与的代表性问题

社会参与的代表性问题,涉及社会参与权利能否充分实现的问题,关系社区治理的成败效果,在这里需要明确两个层次。

首先,参与的代表性表现为参与者是否能够代表有组织的公民的利益,而且更为重要的是,能够反映那些无组织的、松散的、处于弱势地位的公民的利益,防范某个群体或利益集团的控制和专断。因此,代表选择制度和互补参与形式的设计是保障参与具有充分代表性的制度前提。行政化的社区组织在运作机制方面具有较强的精英化色彩和代议性民主的特点,社区成员的广泛直接参与严重不足。如在很多社区,社区居民委员会的选举基本上都是实行社区成员代表大会间接选举,社区干部实行招聘、考试与选举相结合,社区事务的决策主要由社区居民委员会做出,很少经过社区成员代表大会讨论,更没有召开过社区成员会议。传统的代议制由于代表的代表性问题,在及时和全面反映民意方面存在着诸多缺陷。

其次,在我国,随着“传统行政社区”向“现代契约社区”转型,公共权力的结构和属性也相应进行调整和转型,原来行政权力支配一切、代表一切的局面被打破,权力结构相对变得复杂,既包括平等自由的公民,也包括代表政府的街道、居委会、业主委员会、物业管理组织、公民组织等;权力的属性也由传统的单方强制向多方协商、对话达成一致同意的契约转型。所以,在特定的权力转型期内,各方权力基于社区治理问题所产生的合作、矛盾甚至冲突不断,公共权力的运作和行使就是各方主体互相博弈的过程。因而公共利益代表的缺位、代表的合法性以及代表履行权力职责的制度保障问题变得相对突出,如何理解公共利益以及公共利益的形成,如何加强社区公共权力运作和行使的制度环境建设,如何对公共权力进行有效监督就成为解决社会参与代表性问题的关键所在。

第二节 社会参与社区治理中存在问题的对策研究

在传统理论中,政府运用其政治权威,介入社区发展的全过程:从社区发展的计划制订、经费供给、组织劳动资源,到直接组织建设开发。很明显,这种做法强调外部因素,注意人为的拉动,使源于自我发展、自我服务、自我管理的内部推动力无法发挥作用,在实践中必然出现一种被动的单方面发展的局面。但摒弃政府这种一包到底,过多行政干预的做法,并不是说可以忽略政府的作用。相反,社区的发展要求政府给予有效的倡导与推动。英国新工党的思想领袖吉登斯在《第三条道路:社区民主主义的复兴》中认为:国家在社区建设中负有重要的责任与作用,包括动员群众参与、动员企业向社区投入物质和财力支持。"社区发展本身是一个复合过程,包括两种基本因素,即由人民自己的参与,并尽可能靠自己创造以努力改善其生活水准;以及由政府以技术协助或提供其他服务以促进人民发挥更有效的自觉、自立和互助的精神。"

在当今民主政治发展过程中的现实因素是,公民享有的权利只是平等的政治权利的资格,它并没有涉及特定的行为模式,并不涉及公民实际上有多大的热情去行使政治权利,去参与公共事务的管理。而被视为"文明"的政府,萎缩了人民原有的权利。严格地说,代议制民主的政治统治只能是一个"民享"的政府,而不是一个"民治"的政府。公民的意义是积极地"做公民"。做公民就是参与公共事务,通过理性、自由、公开的交际,同别人一起讨论共同关心的重要社会问题。显然,每一个公民都不可能关心所有的公众问题。关心不同问题的公民会形成一个个范围可大可小的公众。我们可以说,没有参与便没有公民。公民应该扮演这样一种角色,他们通过政治辩论、争议和参与决策,来影响、塑造自己以及自己所属社会的未来方向。①[87]公民资格应该是一系列权利的集

① 毛寿龙.政治社会学[M].北京:中国社会科学出版社,2001:332.

合,公民必须是以某种方式思考和行为的人,他认同于自己所属的社会,有责任通过积极参与政治生活来促进共同福祉。

我国民主政治的进步与社区治理的发展,首要的也是最重要的是在思想高度上要对社会参与和社区自治有个正确的认知,保证公民基本权利的实现,保障公民广泛参与的自由,这是第一位的条件。其次,在我国当前特定的权力转型时期,公民的参与能力较低的情况下,还需要政府的扶持,社区自治绝不是政府放任自流,政府应该通过各种途径不断提升社会参与的能力,为社会参与创造良好的制度环境,让公民在自主自由的治理环境中,享受参与的基本权利,提升参与的可行能力,最终实现公民个体的全面自由和发展。

在社区治理中,乃是以"公民"为主要的治理中心与主导角色,职业政治家与行政人员都是居于辅助的地位,由公民、政府和其他市场主体三者共同构成合作体,权力由三者共同分享,这是一种合作的治理模式。在今天的社区治理中,社会参与发挥作用的空间在不断加大。参与不仅是公民的一种政治权利和要求,更是公民实现自身社会责任的一种直接行动。伯克斯指出,公民在公共生活中发挥的更加积极的作用是以往的公共参与所不可比拟的,它标志着公民自主治理社区公共事务的能力进一步提升,也使得公民真正成为社区治理中不可或缺的部分,成为社区发展中的活跃力量。

一、公开透明的权力运行机制

在中国,政府与社会关系问题经过新中国成立以来 70 多年的演变,权力格局发生了巨大的变化,长达 30 年的强政府、弱社会的固定模式,随着 20 世纪 80 年代改革开放的启动被逐步打破,并发生了根本性的变化,政府开始还权于社会,公共权力向契约属性转型,社会逐渐走向独立与自治,为我国社区治理和社会参与打下了坚实的现实基础。下一步应重点在社区公共权力运行方面加以强化,保证公共权力的运作和行使公开透明。公开透明主要是公共权力的赋予、行使过程,公共权力的运行结果和公共权力的工作机制和监督机制要公开透明。

首先,是信息公开,满足公民的知情权。信息公开,是公民有效参与的前提。满足公民的知情权,为其提供足够的信息,是促使和保证社会参与的先决条件,信息公开的程度和获取信息的途径直接影响社会参与的广度和深度。在我国加强社会主义民主政治建设的背景下,从基层民主做起,努力促进社区公共权力在行使过程中的信息公开和决策透明,具有十分重要的现实意义。

其次,是健全和完善社区参与的程序,社会参与是民主程序的核心概念,只有通过广泛的参与,公民才能体会到什么是人民民主,在心里认同和建立民主的作风,在行为上获取民主办事的方法。我国长期以来常常把程序视为繁文缛节,在立法上,偏重于规定各种静态的行政制度,忽视和轻视通过现代行政程序对公共行政实施有效的动态调整。实现法治,就是要求公民有效参与城市建设和管理的立法,参与法律的实施。程序性内容对于健全社区公众参与,推进基层民主建设具有非常重要的作用,没有公众参与的一套规范的程序,就意味着公众参与社区治理还没有确立为一项制度,社区实现自我管理、自我教育、自我服务和自我监督的目标尚有很大的差距。程序性内容保证公众参与城市建设能够实施和操作的一套运行程序,保证社区公共权力的公开透明运作和公众有效监督。

最后,保证公民的监督权。社区公共权力是在公民广泛参与的基础上,基于社区治理的主体相互协商而形成的契约权力,是以社会参与和对公共权力行使者的信任为基础的。但权力一旦失去监督,便有滥用的可能性。为了维护公共利益,公民必须参与对公共权力的监督。因此,要建立结构合理、配置科学、程序严密、制约有效的权力运行机制,加强对权力的监督和制约,确保公共权力真正为人民、为社会谋福利。

二、自由开放的协商对话机制

在传统管理过程中,政府统治的权力运行方向总是自上而下的,依靠政府所具有的强势政治权威,通过发号施令,制定并执行政策,对社会公共事务实行单一向度管理;治理则是一个上下互动的管理过程,它主要通过合作、协商、伙伴关系,确定认同和共同的目标等方式实施对公共事务的管理,因而,其权力向度是多元的、相互的。这就要求推广公民教育提升公民意识、扩大社会参与、引入社会对话机制,通过社区各权力单元之间的对话机制,实现公共权力的转型。民主国家一大特征是信守“主权在民”与“人民同意”原则,主张人民拥有最后的决策权。毕竟,公民与日常公共事务息息相关,也最了解政策问题症结所在。因此,国家机关倘能尊重公民主权,培养社会参与的能力,并将其纳入决策体系,使其承担公民应尽的责任,那么在推动政策时,除了较易取得标的人口的政策顺服之外,亦可减少暴力抗争等事情发生,降低社会成本的付出,更能提高国家的治理能力。基于此,凡是与人民权利与义务有关的决策,无不以民意为依归。简言之,国家机关不再独享决策权,取而代之的是提供参与机会,试图借由双向沟通化解双方歧见,建立最后共识。

首先,建立充分自主的利益表达机制。公共利益的达成是一个过程,是在不同利益关系人或利益群体的不断互动,甚至竞争、冲突过程中建立的,它是多元利益主体之间寻求平衡的结果。因此,有关社会参与的代表性问题,与其说是应该表达为某种形态的公共利益,不如说是体现为一种政治发展中的利益互动和调整机制,即表现为公共利益达成的过程。这就意味着,社会参与代表性实现的基础是利益关系人互动、对话、协调、整合机制的建立,机制开放性一方面能够使利益关系人顺利进入利益表达通道,另一方面能够将多样化的利益有机融合到制度化的利益调整过程中。最后,社会参与要想具有充分的代表性,还需要参与形式之间的互补,以及制度化参与形式的建设。前者要求针对特定参与问题的性质,选择更具合理性和互补性的参与方式,弥补一些参与形式固有的缺陷;后者要求能够逐步完善社会参与中的代表选择制度,保证参与者来源的代表性,特别是保证弱势群体的利益能够得到表达。

其次,建立公正平等的利益协调机制。民主社会是一个不间断的协商谈判的社会,协商谈判应该成为人们生活方式,成为一种惯例。在社区治理中,要改变过去政府权力控制一切的格局,建立一种多方利益表达和协商对话的机制,公共政策的形成要体现公民的广泛参与和一致性的同意。尤其要保障社会弱势群体的特殊利益,按照罗尔斯"社会公正要体现少数人的利益"的原则行动。在社会参与社区公共权力的运作中,最好是公民直接参与,在这个直接民主的精神底下,参与的主体是公民,公民在了解充分资讯的情况下,在这些参与者都能够接受的发言与决策程序,以公开,而且对于参与者设定最低条件的情况下,对于公共政策进行一些讨论,并且提出一些可以操作的方案或者意见。这是一个民主协商的利益协调机制。也只有这样,才能改变强政府弱社会的格局,逐步形成对公共权力的有效制约。因为一个健康的制度必须在制约公共权力和保持社会秩序之间维持平衡,不能只担心社会失控,结果导致公共权力过度膨胀,否则,照样会造成对公共利益的严重损害。当然,自由表达并不能够保证一个国家、一个社会就不会发生悲剧,但是,起码可以保证一个国家、一个社会不会步调一致齐步走地陷入悲剧,且难以自拔,缺乏改弦易辙的弹性空间。

三、从"独打保龄球"到共舞的艺术

在政府主导的模式中,由于政府组织包揽了社区内的公共事务,社会组织尤其是具有一定独立性的非政府组织的社会服务功能得不到有效发挥,其发展空间就会受限制。这种情况还造成社区居民对政府和单位的依赖性,容易导致自觉参与社区活动和行使民主权利的主动性差、热情不高,患上"社区冷漠症"。因此,这种治理结构中单向度的互动虽然能够发挥出政府组织动员社会资源和社会力量的优势,在短时间内体现出社区建设的效率,但却对社区自治能力的提高和社区建设的深入开展不利。当前社区建设中自上而下的向度热热闹闹,自下而上的向度冷冷清清,呈现普特南所谓"独打保龄球"的局面。扭转这种局面,最重要的是让居民广泛参与到社区治理中来,在当前我国特殊的权力转型时期,以公民自治为主,包括政府在内的社区各权力主体在充分信任合作的基础上,共同推动社区建设,无疑是一条适合的路径选择,在合作型社区中,由于社区公共事务的处理和社区公共利益的实现同社区居民的切身利益紧密联系在一起，同时社区的组织体制与管理制度为社区居民参与社区管理提供了一定的制度途径，居民参与社区管理者的选举、社区公共事务的决策以及社区公益活动的热情则有明显提高，参与范围也就更加广泛。由于社区组织和居民在与政府的合作中得到锻炼，就为迈向自治型社区奠定了基础。

首先，分化权利结构，明晰"三权"界限。因文化传统和发展程度的不同，中国城市社区与西方发达国家的城市社区存在很大不同。在历史上，欧洲和新大陆的城市是在资本主义工商集市的基础上形成的经济中心，其城市社区中就少有人身依附型的社会关系，虽然市场机制加剧了人际关系中的竞争和冲突，但是强调个人本位和契约精神的自治传统中也包含了每个主体意识在社区的权利与义务，因此其社区不仅具有较强的功能联系，而且社区意识始终是文化传统的不可分割的部分。而中国城市社区历来缺乏明晰的公私界定，权利结构分化不明显，在国家制度安排中也至今尚未有适应现代社会要求的明晰化的权利规范，社会私利结构带有鲜明的总体型特征。这体现到当前的社区治理机制中，就是行使政府行政权的街道办事处、行使社区自治权的居民委员会和行使私人权利的居民之间常常发生冲撞和交叉，导致机制运转不灵。前面所举的上海社区的例子即是此问题的体现。因此，通过规范的制度安排明晰行政权、自治权和私权的界限，促使"三权分离"，将有助于带动传统总体型权利结构向分化——合作型权利结构的转换。

其次，转变政府主导模式，建立信任与合作的多元横向网络。当前社区自治组织的发展动力，主要依赖于政府的权力扶持和资源供给，是地位和权利不平等的人被组织到以等级与依附为基础的纵向网络，政府主导既存在居民的信任问题，也存在后续动力不足问题。转变政府主导模式，需要公民广泛的参与，需要地位和权利平等的人所自愿组成的以信任与合作为基础的横向网络。同时，也要求社区中政府组织的主导思想从贯彻国家意志转为贯彻居民的集体意志，从迎合上级要求转变为适应居民实际需求，从而在政府组织和居民自治组织之间实现根本目标的一致。解决这个问题,有必要从体制上扩大居民自由结合、自由组织的空间,允许具有共同需求的居民资源合作,发展源于居民、服务居民的小型居民组织,依靠市场获得资源,依靠居民的信任和支持获得生存的依据。作为"全能政府"和"单位制"失效的替代,社区将从国家政治生活、市场经济生活中分离出来,成为一个相对独立的日常社会生活领域,社区成员会通过反复试错和行为修正,逐步建立起以行动者(社区成员)为连接点,以信任与合作为基础的多元的横向网络,展现政府组织、市场组织和社会组织共舞的艺术。

四、提升公民权利意识和参与能力

公民意识的核心是公民的权利意识。每一个公民都应知道自身拥有不可剥夺、不可侵犯、不可转让的基本权利,如财产权、生命权、思想言论自由权和社会(政治)参与权,如被剥夺了其中任何一项权利,平等、自由的状态将无法保持。这是人之为人的最起码的尊严,其他权利都可由此基本权利导出。公民只有首先活得像一个人,才能有充分的自由参与政治,形成统治意志。权利是人之本性要求的反应,是社会规范的基础。公民教育应该引导公民对权利的重视,要使公民全面感受权利的意义。社会参与是公民意识的直接体现,社会参与的前提和基础是公民意识的觉醒和提高。作为一种社会意识的公民意识,是近代政治运动的产物,它的含义包括两个方面:当公民直接面对政府权力运作时,它是公民对于这一权力公共性质的认可和监督;当公民侧身面对公共领域时,它是对公共利益的自觉维护与积极参与。一个国家的公民只有具备了完整的公民意识,才能成为合格的公民。因为一定社会的公民意识是社会参与的思想前提。没有公民意识,就没有社会参与;只有当广大公民普遍具备了完整的公民意识和公民性格,并形成一定的公民文化,才能建立成熟的有自治能力的社会参与体制,所以说,提高公民意识,增强公民的参与能力,就成了一个具有时代意义的话题,也是我国社会主义政治文明建设中的一项基础性工程。因为从根本上来说,现代化的最终完成必然表现于人的现代化,现代社会的基本体制——市场经济、法治社会、有限责任政府、政治文明等等的真正落实和完善，离不开人的现代化的支撑。但是，从总体上来说，今天我国社会的公民意识还比较薄弱。因此，强化公民的参与意识，增强公民的参与能力，从而提高公民的参与素质，使得在中国大地上因循守旧生活了几千年的中国人成为有现代意识的公民，成为一个独立的、自由的、能主动追求自己幸福的公民，就越来越成为关系到我国现代化进程的一个不容忽视的重要课题。

在市场经济条件下，基层社会只有按照自治原则组织起来，自主治理自己内部事务，才能使社会能力得以发育。许多公民有很高的参与热情和强烈的参与愿望，但是由于其素质不高、能力有限，致使参与效率低微以至“无效”，常常被认为是“徒添麻烦”。事实上，“单位人”转变为“社会人”，并不意味着同时也成为“社区人”；人们从纵向行政体系中散落出来，并不意味着横向联系会同步增强；个人在经济上的利益独立，也并不一定意味着他同时成为具有社会责任意识和担当能力的现代公民。因此，必须通过一个实践过程，激发人们的社区意识，促进社区组织的发展，将社区地域内的小社会“建设”成一个生活共同体。所以，必须加强对公民的教育和培训，增强其参与能力，有效地发挥公民的参与角色。社区治理的本质是充分发挥公民自治的功能，自治的要义是公民通过多中心、权威分散的基层自治组织来直接行使自主治理的权利。例如托克维尔的描述，“在新英格兰的镇，公民在镇会议中直接行使基本的自治特权，此中，所有社会参与确定社区治理的基本政策。他们还选出行政委员代表机构代表镇会议行使综合职能”。①[86] 自主治理还是公共精神的公民教育。“镇会议之于自由就像小学之于科学”。“人民在社区的自我管理的组织和参与中学会了协作的科学与艺术，它是在平等条件支配下民主社会维持自由的基础。地方自治政府制度为美国民主提供了下部基础设施：它教会人民在保持自我自由的同时如何应用自己的能力去管理自己的共同福利。”①[86]

---

① 奥斯特罗姆.复合共和制的政治理论[M].毛寿龙，译.上海：上海三联书店，1999:7.

五、利益分享是有效的参与动力

积极广泛的社会参与是社会政治发展不可回避的潮流,鼓励社会参与,激发社会参与的热情也是现代社会进步的必然要求。然而,提升公民的参与热情及能力,并非是某个单一的方案可以解决的,而是需要一套不断完善、协调发展的理念与制度发展,同时也需要依赖政府的管理策略创新。首先,市场经济的发展极大地引发了现代城市居民的利益本位意识,居民的传统性"社会人"色彩已经大为淡化,"理性人"角色趋于明显。这将使居民的社区参与更多地考虑成本——收益问题。所以,动员居民参与社区事务的操作路径,应改变过去那种从公共利益灌输到个人利益分享的做法,转而变为刺激个人对社区的利益欲求,进而从明晰化的个体利益的竞争和协商中重新发现公共利益的策略。平等参与、竞争与合作是人们认同公共利益的有效途径,正如让人们理解法律最好的办法就是让人们参与立法,让人们学会管理最好的办法也是让人们参与管理,让人们认同社区最好的办法依然是让居民直接参与社区治理,除此别无他途。参与的本质不是社区发展的手段而是社区成员自主选择权利机会和能力的扩展,参与是社区成员自由结盟的过程,是多元化组织(包括各种正式组织和非正式组织)自我生成的过程,是现代公民社会培育的过程。其次,社区治理要使公民能够感受到,他们自己能在一定范围内影响自身的利益和改善自身的生活,有能力通过法定的渠道反映自身的合理要求与期望。只有这样,才能使公民树立参与公共事务的信心和承担公民责任的基本观念。当然,这需要国家以法律和民主制度的形式保障公民的参与权利。再次,在政府与公民组织互动的过程中,政府的开放和平等的姿态,以及双方的相互理解、相互信任关系的建立,对于激励社会参与,发挥公民积极性有着重要的作用。

六、构建保障公民有序参与的制度

亨廷顿在《变动社会的政治秩序》中指出，现代性产生稳定性，而现代化却产生不稳定性，后发外生型现代化国家在从传统走向现代的进程中出现的大量问题，并不是落后的产物，而是转型的特有问题，包括大规模的政治参与与政治制度化之间的矛盾。①[88] 在我国，随着市民社会和社区自治的发展，广泛社会参与的强烈诉求与社会参与制度缺乏的矛盾已经开始显现，如果不能及时解决，现代化的不稳定后果将难以避免。所以，政府应为社会参与社区公共事务提供广阔的空间，为增强公民与政府的互动、促进社会参与社区公共权力的运行、激励公民自愿从事社区公共服务提供坚实的制度基础。其基本制度安排不仅关系到公民自主管理和实现公民责任的空间，而且决定着社会参与和促进权力运行过程中合法化的进程。

在所有的制度安排中，首要的是政治民主制度，即限制国家权力，保障公民权利，增进公共福利。把建立这样的一整套制度作为我国政治改革的总体目标和促进社会参与的制度保障。

其次，社会参与，需要制度赋权，没有赋权就谈不上参与。如果从制度设计上没有给予参与的权利，或者虽然表面给了而在实质上并没有赋权，那么，有序参与是不可能的。这种授权包含权威体系自上而下的授权和社区自下而上的增权，是社区治理的主要方法。对于引导社区居民发现自身与社区的利益关联，激发居民民主参与社区事务的意识和热情。提高居民的民主参与和自治能力，迟早会发生作用。20 世纪末美国克林顿政府的“授权区和事项社区（Empowerment Zone and Enterprise Community，EZEC）”项目，就是试图通过重新界定联邦政府和地方社区的关系，达到激发美国人民广泛参与的热情，达到复兴地方社区，振兴经济，提高人民自助能力，从而实现社区增权的目的。回顾

① 亨廷顿.变动社会的政治秩序[M]. 张岱云，等，译.上海：上海译文出版社，1989:45.

该项目的由来和方法时,克林顿说:“因为我们需要说服落后区域的具有天才、智慧、能量和技巧的人民把他们的社区拉回来,所以我们必须向他们提供他们能够在其中开展工作、我们也能在其中发挥作用的工具和架构。这基本上就是我们的方法所在,不要让我们的社区落后,不要用不能使用的财政预算来保证联邦项目,而要采取第三种方法:向社区授权以便让他们自己翻身。”这个项目的效果是,在不到 6 年中创造了 1 600 万个工作岗位,创造了 28 年中失业率最低、25 年中犯罪率最低、29 年中人民享受福利百分比最低并第一次平衡联邦预算等多项纪录。

再次,创新社会参与渠道,并使之制度化。社区治理过程中应加强各种形式的社区参与渠道和参与形式,如推进社区自我管理、自我决策和公共监督,深入推动志愿者行动,将有效地塑造社区内公共参与、互助奉献和积极进步的精神,培养一种关注公共生活和承担公共责任的新的公共精神。强化和规范社区选举,实现社区直选,扩大居民参与渠道;强化社区政治参与,以政治参与带动其他内容参与;促进社区参与,培育社区草根组织,为社区不同的主体,如自然人、民间组织、法人团体开辟不同的参与渠道。如建立社区成员大会和代表大会、社区协商理事会、社区居民委员会等。

第四,是程序制度。程序性内容对于健全社区公众参与,推进基层民主建设具有非常重要的作用,不可或缺,没有公众参与的一套规范的程序,就意味着公众参与社区治理还没有确立为一项制度,社区实现自我管理、自我教育、自我服务和自我监督的目标尚有很大的差距。程序性内容保证公众参与城市建设能够实施和操作的一套运行程序,保证社区公共权力的公开透明运作和公众有效监督。

最后,是监督制度。建立结构合理、配置科学、程序严密、制约有效的权力运行机制,形成比较完备、同步配套、相互制约的社区权力监督制度体系,加强对权力的监督和制约,确保公共权力真正为人民、为社会谋福利。

第七章　启示与反思

第一节　转型期公众参与、制度供给及政府角色定位分析

公众广泛而有序的社会参与是一个直接决定社会治理民主化程度的本质问题，它是社会治理的深厚基础，是实现社会治理由外源型行政推动向内源型自治发展的关键，也是社会治理长远发展的根本所在。

一、转型时期公众参与需求分析

随着社会主义市场经济体制的逐步完善，尤其是私人财产权利的确立和保障，为公众参与提供了坚实的经济基础和持续强大的动力。不同利益主体开始出现，利益的个体性和差异性得到认可，合理的、正当的利益表达和利益诉求开始成为广大社会成员的公共需求，公众对自身利益和与之相关的权利的追求行动也越来越多。这使得公众参与经历了一个重大转折。

第一，参与的主体、形式与渠道日益多元化；第二，参与的范围越来越宽；第三，参与的强度越来越深；第四，公众参与的主动性也越来越强，公众参与由被动的政府发动型参与向民众主动型参与过渡；第五，由重形式权利向追求实质

权利回归；第六，由激情盲目地参与向逐渐趋于理性的参与过渡；第七，参与过程的互动性，由过去单向度的参与转变为参与、沟通、协商的互动合作模式；第八，公共维权案例逐渐增多，公众参与的责任意识开始觉醒。

二、制度供给不适应公众参与需求变化

与公众参与需求的变化相比，政府制度供给明显滞后，公众参与的机制仍不够健全。公众参与在法律的、制度的和程序方面的保障还很有限度，从而导致了有些利益群体的参与愿望和要求受到限制，由此导致的利益纠纷和利益冲突也就难以避免，这成为当前中国转型社会的一个突出问题。

（一）强动员制度弱维权制度

动员社会各种资源，集中力量办大事是社会主义体制的优势。社会动员从体制、机制与具体制度建设上都相对比较成熟；在组织、渠道以及资源保障方面也相对完善。北京奥运会、上海世博会等大型活动中，广大志愿者的无私奉献即是其生动体现。这种动员体制的优势应该发扬下去。

相比较而言，针对社会个体和社会组织维权的制度构建相对较弱，虽然各地政府也出台了不少制度规范，但总体而言，较为分散，只是散落的点，未形成制度体系。有些渠道不通畅，机制还不成熟，制度实施的效果不太理想。比如，城市社区的业主维权，由于制度的限制使得组织化的、理性的中产阶级的维权运动难以合法化、难以进行资源动员，其维权之路步履维艰。

（二）重原则制度轻操作制度

目前，我国涉及公众参与的制度规范大多过于原则、抽象，缺乏可操作的程序规范，缺少对具体参与的范围、方式、程序等的明确规定，具有较大的随意性，造成参与渠道不通畅，参与机制不完善。使得公众参与的实际功效无法得到保障。

以听证程序为例，许多规范仅仅规定“应当举行听证会”，但对参与利害关

系人的范围、与会人员的构成，大都由组织者自行决定，因此，常常引发公众对与会代表身份的质疑，与公众期望之间存在巨大落差。群众戏称“逢听必涨”，使得“听证会”越来越成为公众参与形式化的代名词。这不仅影响了公众参与积极性，使公众参与的热情随之消减，而且极有可能引起公众的不满，使公众参与以非制度化的形式出现，给社会增添不稳定的因素。

（三）重行为制度轻结果制度

现在，很多政府机构都开通了“热线电话”“留言信箱”等征集意见的渠道，但大多数时候，是公众单方面意见表达居多，政府部门建立相应回复、办理及监督问责机制的很少。在听证会等相关制度的设计上，对公众意见的采纳也缺乏结果意义上的规范。久而久之，公众参与热情必然受到影响，公众参与的有效性也无法得以保障。

在时下公众参与的实践中，一些地方要么漠视或阻碍公众的参与需求，要么是随着领导的意愿进行，随意性、主观性非常大。涉及群众利益，群众感兴趣的，阻碍参与；群众不感兴趣的，动员强制参与或搞形式主义。这在一定程度上造成了“权力”与“权利”的对峙，很容易伤及参与热情。只有加大对公众参与的“制度供给”，主动完善公众参与决策、执行、监督和问责等过程性规范，进一步厘清参与的范围、方式和责任，不断畅通公众参与的救济渠道，才能保证参与的热情始终在“依法”“理性”与“有序”的轨道上前行。

三、政府角色重新定位

随着公众参与的不断深入，政府治理理念与模式也应随之逐渐转变。长期以来，政府主导的自上而下的指令式管理模式，现在更多地表现为以政府、社会和公众为主体的协商治理机制。在社会治理中，治理模式逐渐要由“我们要为公众办事”转变为“公众要求我们协助办事”。政府在促进公众有序参与中更多的是“补位”和维护“秩序”，即公众不愿意参与怎么办？公众参与失序怎么办？

政府应该是引导者、扶助者与规范者。

（一）有效引导者

在传统理论中，政府运用其政治权威，介入社会发展的全过程：从社会发展的计划制订、经费供给、组织劳动资源，到直接组织建设开发。很明显，这种做法强调外部因素，注意人为拉动，使源于自我发展、自我服务、自我管理的内部推动力无法发挥作用，在实践中必然出现一种被动的单方面发展的局面。

1.引导而非主导

行政主导的治理在确保集体层面的经济增长方面确实是有效的，许多亚洲国家（尤其是中国）的经验都证明了这一点。然而，这样的政府很难满足面对许多挑战的风险社会政府对微观管理的需求，也很难确保其公民会长期地支持现有的制度。在政府主导的模式中，由于政府组织包揽了社会内的公共事务，社会组织尤其是具有一定独立性的非政府组织的社会服务功能得不到有效发挥，其发展空间就会受到限制。这种情况还造成社会公众对政府和单位的依赖性，容易导致自觉参与社会活动和行使民主权利的主动性差、热情不高，患上"社会冷漠症"。

扭转这种局面，最重要的是引导各种社会力量尤其是公众广泛参与到社会治理中来，在当前我国特殊的社会转型时期，以公众自治为主，包括政府在内的社会各权力主体在充分信任合作的基础上，共同推动社会建设，无疑是一条适合的路径选择。但是，在公众参与中，每个人的动机不可能完全相同，如果没有很好的协调，参与者之间可能发生冲突和矛盾。在社会参与中，也难免个别人欲利用公众的行为达到其个人的目的，对此必须有防范的措施。所有这些方面，都需要政府采取有效措施，对公众参与进行引导和规范，防止公众行为的失控，保证社会参与能够在法律的框架内有序地进行。

2.强化法治意识，引导公众依法参与

近年来，我国社会管理的问题比较突出，一个主要原因是作为社会管理的主体即社会的管理作用未能有效发挥。政府承担了过多的社会管理职责，不仅

与法治政府的理念有差距，也难以真正承担起社会管理的全部职责，最后的结果是政府疲于奔命，群众也难以满意。如何解决这个矛盾？最简单的办法不是加大政府管理，而是秉承“大社会、小政府”的法治原则，让社会管理回归社会。

首先，尊重社会自治，强调公众参与，让人民行使管理社会的权力。这不仅是宪法赋予人民的权力，也是社会管理回归社会的本质要求。

其次，努力引导和培育公民的法治意识，使“依法有序参与”深入人心，养成自觉遵守国家法律的习惯，使自己的公共参与行为符合宪法和法律的规范。

3.培育责任意识，引导公众理性参与

进入21世纪以来，公众参与呈现出一种新的动向。一方面，随着公民社会的发展和权利意识的日益觉醒，公众维护个体权利的愿望和行动日益提升，各种维权事件在中国大地上轰轰烈烈地上演着；另一方面，由于对国家事务和社会公共事务的日益冷漠，“公地悲剧”也在不断发生，非法的“损公肥私”的行为也在不断侵蚀着这个国家的肌体。极端主张个人权利所导致的结果便是人们不关注个体决策的后果，丧失了公共责任感。公众参与的个体理性而造成的集体非理性和无序化开始被广泛关注。

这就需要在加强权利保障和利益维护的同时，不断引导和培育社会参与的责任意识。因此，党的十七大报告强调，要“加强公民意识教育”，“不断扩大有序公民政治参与”。这为新时期社会参与的发展提出了一个新课题，即培育公民的责任意识，引导公众理性参与。

（二）积极扶助者

社会管理体制改革需要最大限度地调动整个社会的活力，方向是发挥民众参与在社会管理和公共服务中的基础性作用，多元治理更需要激发广大人民群众的主体意识。但传统的单位制造就了民众的依赖性人格，对公共服务的诉求也往往首先求助于行政权力，对社会事务的参与程度较弱，慈善事业和捐赠风气未成气候。因此，在当前公众参与水平较低的情况下，还需要政府的扶持。

政府可以在提升公众参与的能力、为参与创造良好制度环境方面大有作为。让公众在自主自由的治理环境中,享受参与的基本权利,提升参与的可行能力,最终实现公众个体的全面自由和发展。

1.扶助而非包办

面对改革发展的新形势,政府要承担的社会管理责任越来越多,"全能型"管理的能力明显不足,但却不能通过不断扩张人员机构、增加财政支出来弥补,那样将造成整个社会发展停滞不前。唯一的选择在于转变职能、自我限权,将一部分社会管理职能向社会公众,尤其是社会组织转移,形成共建共治的良好局面。比如,湖南长沙"草根自治"的社区治理模式,浙江温岭市新河镇连续6年坚持推行"参与式预算"等,都取得了良好的效果。

来自基层的探索表明,政府自我限权的改革每进一步,公众参与社会管理的空间就大了一分。随着各地加强和创新社会管理的新举不断推出,公众参与社会管理无疑将拥有更多空间。

2.制度扶助

首先,扶持公众参与,需要制度赋权。没有赋权就谈不上参与。如果从制度设计上没有给予参与的权利,或者虽然表面给了而在实质上并没有赋权,那么,有序参与是不可能的。这种授权包含权威体系自上而下的授权和社会自治组织自下而上的增权,是社会治理的主要方法。引导社会公众发现自身与社会的利益关联,激发公众民主参与社会事务的意识和热情,提高公众的民主参与和自治能力。

其次,支持创新公众参与渠道,并使之制度化。社会治理过程中应加强各种形式的参与渠道和参与形式,如推进社区自我管理、自我决策和公共监督,深入推动志愿者行动,培育社会草根组织,为社会不同的主体,如自然人、民间组织、法人团体开辟不同的参与渠道。在此基础上,不断完善程序等相关制度建设,使公众参与规范化和制度化。

3.能力扶助

公众参与社会管理的能力,实际上是一种社会自治的能力。但长期以来,"全能型政府"的社会管治模式造成了社会自治能力低下,无论是公民自我管理、自我服务、自我发展的能力,还是社会组织承担社会管理规范化、专业化、社会化和法制化的能力,都难以适应社会管理新格局的要求。政府可以运用其政策、制度以及资源的优势大力发展公民教育,通过提供基本公共服务提升公众参与的可行能力,为公众行使管理权创造良好环境。

（三）秩序规范者

任何一个社会都需要有一定的社会秩序,人类社会之所以发明了国家和政府,其目的是满足社会的秩序需要。或者说,政府的出现首先是因应社会秩序供给的需要。所以,一切关于政府问题的学术探讨,都直接包含着或在终极意义上包含着对政府社会秩序供给的内涵。

在社会转型时期和改革发展的关键阶段,公众参与作为一个新兴事物蓬勃发展,公众参与的热情持续高涨,但是由于法律滞后性的特点,我国目前对公众参与缺乏相应的法律规定加以具体规范,参与不可避免地带有一定的自发性、主观性、片面性和随意性。无序参与成本高、效率低,效果差;失序的参与则会影响社会的稳定,给人民生命财产带来巨大损失。但是,公众参与失序存在风险,政府失序就更危险。所以,首先得规范政府的秩序,就是政府能做什么,不能做什么。

1.规范而非控制

在社会经济不断发展的大背景下,不断增长的公民意识,对足够的知情权、表达权、参政权的需求将成为今后很长一段时间社会政治生活中需要解决的问题。法制化、规范化、透明化的执政方式将成为趋势。一些官员需要调整自己的执政理念和行为方式,摈弃传统的垄断信息、控制社会、自我中心的执政方式。

公众参与是转型社会的客观存在,是社会自发的一种选择。既不需要去发动，也不应该去控制。发动的结果很可能是盲从，进而形成暴民社会；控制会压制需求，结果可能适得其反，破坏社会秩序。无论何种类型的国家，都不能够单纯依靠控制去获得长久的社会秩序。

规范公众有序参与不是为了加强控制，它是柔性和互动的。既要尊重公众参与需求的自发生长秩序，又要为其设置活动边界。在这一良性运作的轨道上，公众参与能够提升和扩大社会管理的质量、效率及规模；公众对于政府事务的积极介入，有助于建立和巩固政治信任，强化执政的合法性。这是避免从一个极端走向另一个极端，造成不平衡与冲突，最终导致社会关系对立的根本解决之策。也是政府、社会和公众合作治理的要旨所在。并且，规范本身也是一种促进。激励好的，抑制恶的，是一种促进公众有序参与社会管理的良性机制。

2.参与的规范化制度化

在参与社会管理的实践中，要按照规范化原则，不断总结经验，逐步将公众参与管理的范围、内容、途径、权限、程序等逐步明确规范，通过制度保障公众参与管理的权力得以实现，用制度化的措施保障参与的常态化和制度化，确保公众参与依法、高效、有序。

3.规范无序的参与行为

要积极引导和规范公众的参与行为，依法制裁违法的参与行为，从而保证公众参与的依法、有序、理性、正当。一方面，政府要平衡和协调各层次和各群体的治理，以实现公共利益的最大化；另一方面，运用制度和法律的手段对违反参与规则的行为予以制止，以维护公众参与的有序进行。

在中国，党和政府对社会参与的认识是一个逐渐深化的过程。尤其是进入新世纪以来党和政府日益意识到扩大公民有序参与不仅是时代的需要，也是解决中国改革进程中各种问题的一个重要途径。所以，从党的十六大开始强调扩大公民有序的政治参与。但实践中不可避免的对社会稳定和秩序的冲击又使得一些决策者心存忌惮。因而一些地方政府推动公众参与的动力严重不足。

其实无论是国家、社会还是公民个体都愿意趋近于理性化，但是如何趋近需要政府和民间长期智慧教育和博弈。

第二节　国家治理现代化进程中社会参与的路径选择

十八届三中全会将我国全面深化改革的总目标确立为“完善和发展中国特色社会主义制度，推进国家治理体系和治理能力现代化”。国家治理从本质上不同于国家管理和国家统治，无法仅仅依靠政府部门自上而下地强制行使公共权力得以实现，客观上要求公民通过企业组织、社会组织，在共同遵循的法律框架下，通过协商，基于契约广泛参与政治、经济和社会事务。不断扩大公民有序参与是国家治理现代化的必然要求，也是促进我国全面深化改革的动力源泉。

一、权利保障是扩大公民有序参与的前提和基石

现代国家治理的根本标志是法治。宪法和法律应该作为国家治理的最高权威，在法律面前人人平等，不允许任何组织和个人有超越法律的权力。

（一）社会参与是宪法赋予人民的基本权利

我国宪法规定：“中华人民共和国的一切权力属于人民。”“人民依照法律规定，通过各种途径和形式，管理国家事务，管理经济和文化事业，管理社会事务。”其体现的是全体社会参与国家政治生活的进程，而政府机构的存在依赖于全体民众的许可。但是，继承自计划经济时期的全能政府使社会参与有着很强的政府发动的烙印。社会参与更多的是一种外在的，由政府发动、被动式的参与，虽然参与激情很高，但存在一定的盲目性，且以政治事务为主。在那个“大公无私”的年代，社会参与主要围绕着公共事务或国家事务来进行的，以单一的国家利益为核心，很少掺有个体的利益成分。群众在政府的发动下有着强烈的

责任感,广大人民群众以满腔的热忱、强烈的责任感参加到国家建设的事业中。这种责任是一种忘我的无私的责任感,也是一种缺乏持久动力的责任意识。这一阶段,可以概括成为权利确立阶段。主要是国家从意识形态上、法律上、形式上确立了人民主人翁的地位,确立了社会参与国家事务的政治权利。但这一阶段立国的根基是阶级立国,而非公民权利立国,实质上还是以“阶级斗争为纲的国家主义”。国家全能主义塑造的只能是“国民参与”而非“社会参与”。二者有着深刻的不同;“国民参与”是官本位的国家权力和利益至上的参与,而“社会参与”是以公民权利和公民利益为基础的参与。

(二)切实保障公民有序参与权利的实现途径

一是要培育公民的公民权利意识。公民权利意识,尤其是政治权利意识,是公民区别于国民的本质。公民的权利意识并非与生俱来,也并非无源之水。只有通过完善的法律制度保障,才有可能使公民由被动服从转变为主动参与,由被动接受服务转变为积极参与治理。二是进一步完善保障公民权利的各项法律法规。国家对公民权利的保障是社会参与社会治理的基石和前提。法律和制度安排的立足点必须是保障主权在民,所有公共政策要从根本上体现人民的意志。要通过完善法律保障、改进制度安排、规范公共秩序切实保障公民的知情权、表达权、参与权和监督权等基本权利。三是进一步完善基本公共服务。只有完善的医疗、养老和教育公共服务保障才能赋予社会参与政治经济和社会事务的基本能力,让公民在自主自由的治理环境中,实现公民个体的全面自由和发展。四是保障公民的知情权、参与权、表达权和监督权。重点应该在公共权力运行方面加以强化,保证公共权力的运作和行使公开透明。公开透明主要是公共权力的赋予、行使过程,公共权力的运行结果和公共权力的工作机制和监督机制要公开透明。在现代社会,公民的知情权与政府信息公开化,是社会参与管理国家事务的基础,离开了知情权,社会参与就是一句空话。迄今为止,《政府信息公开条例》实施已十多年时间,我国政府工作的透明度不断增强,公开的理念已开始为社会所认同。应继续围绕《政府信息公开条例》的施行,建立健全相关法律制度,逐步构建和完善公共服务信息公开体系,让权力始终在阳光下运行。同时,加强疏通公众参与渠道,提高公众参与度,不断扩大公民有序参与社会治理,转变传统单纯由"政府推动"的管理模式,走向"政府"和"社会"双轮驱动协商合作的国家治理的现代化模式。

二、利益维护是扩大公民有序参与的关键和动力

(一)利益诉求是社会参与国家治理的客观动力

国家治理现代化客观要求"以促进公平正义、增进人民福祉为出发点和落脚点"。因此,满足人民群众需求始终是健全和完善国家治理体系、提高国家治理能力的根本出发点。由于资源的有限性与人类需求的无限性是一个普遍的矛盾,因此,需要确定物权归属来促使资源得以有效利用,确保社会稳定健康发展。如果说,新中国成立是"国民"权利意识的觉醒,那么,改革开放和市场经济的发展则唤醒了公民个体的权利意识。随着私有财产不断增多,市民社会自治空间得以萌芽、发展和壮大。公民个体的政治权利、经济权利、文化权利和社会权利得到了进一步的明确和完善。2007 年颁布实施的《物权法》,在宪法保障公民财产权的基础上,契合了市场经济的内在要求,确认了"国家、集体、私人的物权和其他权利人的物权受法律保护,任何单位和个人不得侵犯",实现了对不同所有制的财产权实行平等保护,让合法取得的财富都能够得到法律的承认和保护。私人财产权利的确立和保障极大地激发了公民储蓄投资、创业和置产的信心、愿望和动力,为社会参与提供了坚实的经济基础,也为社会参与提供了持续强大的动力,为社会参与政治经济社会事务树立了坚定信心。

(二)正确认识和有效处理公民利益诉求

一是客观认识和有效疏导公民的利益诉求。随着社会主义市场经济体制的逐步完善和不同利益主体的出现,合理的、正当的利益表达和利益诉求开始成为广大社会成员的公共需求。利益的个体性和差异性得到认可,公民对自身

利益和与之相关的权利的追求行动也越来越多。参与主体日益多元化,参与范围越来越宽,参与强度越来越深,参与主动性也越来越强。这使得中国的社会参与经历了一个重大转折。这一时期的社会参与开始主要围绕个体利益或群体利益来展开,而非单纯的国家利益。要客观认识这一趋势,正确引导,不断维护和增进公民的基本权利和根本利益。要引导公民正当参与国家和社会的公共事务,正确引导公民由被动的政府发动式参与向主动式参与过渡,由重形式权利向追求实质权利回归,由激情盲目的参与向逐渐趋于理性的参与过渡。健全社会参与机制,完善社会参与的法律、制度和程序保障,从而避免利益群体之间由于参与愿望和要求得不到及时有效疏导,引发激烈的社会冲突。

二是要处理好公私利益关系。在纷繁复杂的利益纠纷和利益冲突的背后,主要还是公共利益和私人利益的关系仍然处理不好。现在我们很多社会问题的根子就在于“公私不分”,不能正确处理公共利益和私人利益的关系。在这一问题上,既不要“废公存私”,也不能“公而忘私”。要正确认识和充分尊重社会参与社会治理的“自利性”,如果无视公民个体利益的存在,或者否认个体利益的差异性和动态性,不仅公民个人的利益无法得到满足,社会的整体利益同样无法实现,也使公民缺乏足够的动力履行其责任和义务,并可能引发利益冲突。同时,要在切实维护公民合理的、正当的利益表达和利益诉求的基础上,不断增进公共利益。利益维护是扩大社会参与的关键和原始动力。我国改革开放在很大程度上就是一种不断尊重公民权利、不断维护和增进公民利益的过程,这也是我国改革开放事业得以持续发展的动力源泉。

三、责任培育是扩大公民有序参与的导向和归宿

(一)责任培育是公民有序参与的现实要求

进入 21 世纪以来,社会参与呈现出了一种新的态势。一方面,随着公民社会的发展和权利意识的日益觉醒,公民维护个体权利的愿望和行动日益提升,

各种维权事件愈演愈烈;另一方面,公民对国家事务和社会公共事务却日益冷漠,“公地悲剧”数不胜数。同时,我们也看到,伴随着互联网的发展,掺杂着各种网络谣言、网络暴力的参与现象,成为政府和社会日益关注的问题。看起来相悖的行为反映出的却是同一本质,即社会参与责任意识的缺失。责任意识是社会处于秩序状态的基本保证。只有当公民们普遍具有责任意识,才会有负责任的政府。公民享有的自由和权利必须以履行责任为基础。另一方面责任意识又以自由权利为必然前提。没有行动的充分自由,一切听命于家长式的权威,个人就不可能对自己的行为负责,就不可能生成普遍的责任意识。社会参与的责任培育涉及政府责任和个体责任,要求既要有负责任的公民,也要有负责任的政府。负责任的公民不仅追求个体权益,对个体行为负责,而且要参与公共事务、监督政府行为,对国家和社会履行责任。负责任的政府不仅要保障公民合法权益,而且要切实培育公民的责任精神,创新社会参与渠道,强化社会参与的责任感。

(二)提高社会参与责任的有效途径

有序的社会参与必须在合理的规范的轨道之上,否则混乱无序的参与只会给社会带来混乱和灾难,效率与公正就更谈不上了。所以,培育和提高社会参与责任,建立和健全理性、公正、规范的参与机制是必然选择。

一是加强社会主义核心价值观教育,培育公民的道德责任意识,使社会主义核心价值观内化于心、外化于行。有了道德责任感,才会更加自觉地参与建设美好国家、维护公序良俗、推动社会进步。二是鼓励开放式的公共话语和决策过程,让公民真正参与到公共政策的议程当中来。党的十八大已经明确提出:凡是涉及群众切身利益的决策都要充分听取群众意见,凡是损害群众利益的做法都要坚决防止和纠正。这就要求公共政策的科学化、民主化和法制化,建立和完善政府决策的参与、问责和纠错制度。三是建立以公民满意为核心的政府绩效考核制度,进一步完善多元参与的政府绩效考核体制和考核指标体系,广泛吸取民众参与对政府绩效的评价。四是需要建立社会参与的网络如社会团体和社区组织等,以促进社会参与的有组织性。有组织地参与是公民负责任有序参与的重要条件。五是建立政府积极响应参与的回应机制。社会回应是包括政府在内的公共权力行使的过程中,对公众的需要和所提出的问题做出积极敏感的反应和回复的过程。要求政府及其工作人员必须对公民的要求做出及时的和负责的反应,不得无故拖延或没有下文,在必要时还应当定期地、主动地向公民征询意见、解释政策和回答问题。它在一定意义上是政府责任性的一种体现。这就要求建立政府官员主动响应公众参与的机制,直面公众和相关部门的参与,这是每一位政府官员的义务,也是必须具有的素质。只有不断提升政府及其官员的责任意识,培养公民意识和公民精神,建立健全上述配套机制,并以法律的刚性加以保障,才能真正保证公民广泛、有序地参与到国家治理的发展建设中来,实现现代的目标。

十八届三中全会全面启动了国家治理现代化的历史进程。社会参与的权利、利益和责任三大主题在这个特殊阶段彼此交织,相互影响,相互促进。社会参与的权利保障、利益维护和责任培育是三个有机统一的整体,缺一不可。只有以公民利益需求为出发点,以社会参与权利全面保障为基础,大力培育公民的责任意识和责任精神,才能充分调动和激励公民积极参与国家的政治经济和社会事务,推进国家治理体系和治理能力的现代化进程,最终实现全面深化改革的总目标。

结　语

文章写到结尾的时候，想起了阿马蒂亚·森的一本书《以自由看待发展》(*Development as Freedom*)，书的主题是发展——是一种特定的发展观，即：自由是发展的首要目的，自由也是促进发展不可缺少的重要手段。阿翁在谈到包括自由权在内的人的基本权利是先验的，是不可剥夺的，也是发展的最终目的和本质要求时，睿智地提出了人的基本可行能力的概念，即享受人们有理由珍视的那种生活的可行能力。它是一种实质的"自由"包括免受困苦——诸如饥饿、营养不良、可避免的疾病——基本的可行能力，有能够识字算数、享受政治参与自由。①[89]政府的职责在于保证和提升公民的可行能力，从而使公民能够自主自由地追求个体的全面自由和全面发展。

我国民主政治的发展、社区的发展，首要的也是最重要的是在思想高度上要对社会参与和社区自治有正确的认知，保证公民基本权利的实现，保障公民广泛参与的自由，这是第一位的条件。其次，在我国当前特定的权力转型时期，公民的参与能力较低的情况下，还需要政府的扶持，社区自治绝不是政府放任自流，政府应该通过各种途径方法不断提升社会参与的能力，为社会参与创造良好的制度环境，让公民在自主自由的治理环境中，享受参与的基本权利，提升参与的可行能力，最终实现公民个体的全面自由和发展，而不是政府主导、包揽

① 阿马蒂亚·森.以自由看待发展[M]. 任赜，于真，译.北京：中国人民大学出版社，2002：3.

社区事务。从公共权力的角度看,公民权利是公共权力的来源,所以公民权利的增长并不意味着公共权力的萎缩,恰恰是转型公共权力合法性的体现。在社区治理中,政府应维护和增进公民的合法权益,特别要通过互动的参与机制,实现"双赢"局面,形成和谐、合作的新社区治理格局。可见,公共权力的行使和公民权利的落实是可以互惠互动的,而促进社会参与则是主要途径。

参考文献

[1] 谭兴中.推进公共服务型政府建设的途径与对策——重庆市"麻柳经验"的启示[J].湘潭大学学报(哲学社会科学版),2005(05):50-54.

[2] 魏娜,王明军.公民参与视角下的城市治理机制研究——以青岛市公民参与城市治理为例[J].甘肃行政学院学报,2006(02):25-28.

[3] 陈剩勇,吴兴智.公民参与与地方公共政策的制定——以浙江省温岭市民主恳谈会为例[J].学术界,2007(05):30-39.

[4] 曹龙虎.从公民参与的角度看我国多元治理主体的构建——以厦门PX事件为例[J].法制与社会,2008(22):52-53.

[5] 张亚.公民法律参与:中国法治进程的驱动力——从许霆案看公民参与下的法治进步[J].法制与社会,2008(21):283.

[6] 马骏,罗万平.公民参与预算:美国地方政府的经验及其借鉴[J].华中师范大学学报(人文社会科学版),2006(04):25-31.

[7] 本杰明·尼尔森,柯蒂斯·伍德,谭锐.改革的反响:美国地方政府形态对公民参与策略的影响[J].公共行政评论,2010,3(03):25-43+202-203.

[8] 迪尔特·格诺若,托马斯·海贝勒,邵明阳.德国的行政改革——以公民参与及公共部门与私人部门之间关系为例[J].经济社会体制比较,2007(01):76-81.

[9] 杨群红.新中国公民政治参与的历史发展[J].中州大学学报,2004(04):

68-70.

[10] 房宁.中国政治参与报告(2011)[M].北京:社会科学文献出版社,2011:1-62.

[11] 朱德米.回顾公民参与研究[J].同济大学学报(社会科学版),2009,20(06):89-96.

[12] 李图强.现代公共行政中的公民参与[M].北京:经济管理出版社,2004.

[13] 孙柏瑛.当代地方治理:面向21世纪的挑战[M].北京:中国人民大学出版社,2004.

[14] 万俊人.市场经济与民主政治——从经济伦理的角度看[J].哲学研究,2000(04):21-27.

[15] 刘金国,陈金木.当代中国民主政治的法治化——以政权与治权为视角进行考察[J].法学家,2004(04):40-48.

[16] 陈伟东,李雪萍.社区自组织的要素与价值[J].江汉论坛,2004(03):114-117.

[17] 魏娜.城市社区建设与社区自治组织的发展[J].北京行政学院学报,2003(01):69-74.

[18] 马西恒.社区治理框架中的居民参与问题:一项反思性的考察[J].上海行政学院学报,2004(02):59-67.

[19] 陈云松.从"行政社区"到"公民社区"——由中西比较分析看中国城市社区建设的走向[J].城市发展研究,2004(04):1-4,49.

[20] 托克维尔. 论美国的民主[M]. 北京:商务印书馆, 2017:75-99.

[21] 魏星河,等.当代中国公民有序政治参与研究[M].北京:人民出版社,2007:248.

[22] 张清清.我国城市管理中的公民参与度测评研究[D].青岛:中国海洋大学,2012:31-39.

[23] 朱锦云. 公民参与公共政策制定的成本收益研究[D].湘潭:湘潭大学,

2010:53-55.

[24] 刘淑妍,朱德米.当前中国公共决策中公民参与的制度建设与评价研究[J].中国行政管理,2015(06):101-106.

[25] 黄伯勇,甘艳莉.环境影响评价中公众参与有效性的指标体系设计[J].统计与决策,2009(02):48-50.

[26] 马朝阳. 环境影响评价中公众参与法律问题研究[D].石家庄:河北大学,2018:41-46.

[27] 王静,马辉.旧城住区改造中公众参与有效性评价指标体系研究[J].工程经济,2017,27(02):66-70.

[28] 安月茹. 传统村落保护与整治的公众参与评价研究[D].石家庄:河北师范大学,2018:36-42.

[29] 曲甜,田华.政府治理视域下的互联网政治参与:基于省级政府门户网站的评估[J].电子政务,2018(10):60-75.

[30] 孙光磊.新媒体视阈下新生代农民工社会参与的评价指标体系构建研究[J].新闻研究导刊,2018,9(05):42-44.

[31] 亚里士多德.政治学[M].北京:商务印书馆,1997:9.

[32] 卢梭.社会契约论[M].北京:商务印书馆,1997:135-140,23.

[33] 托夫勒.第三次浪潮[M].北京:生活·读书·新知三联书店,1984:473.

[34] 潘小娟.当代西方政治学词典[M].长春:吉林人民出版社,2001:285.

[35] 托夫勒.未来的冲击[M].贵阳:贵州人民出版社,2000:53.

[36] 徐鸿武,等.当代西方民主思潮评析[M].北京:北京师范大学出版社,2000:53.

[37] 科恩.论民主[M]. 聂崇信,朱秀贤,译.北京:商务印书馆,1988:1,10.

[38] 米勒,波格丹诺,邓正来.布莱克维尔政治学百科全书[M].中国问题研究所,等,译.北京:中国政法大学出版社,1992:673.

[39] 凯尔森.法与国家的一般理论[M]. 沈宗灵,译.北京:中国大百科全书出版

社,1996:230-231.

[40] 韦伯.经济与社会:上[M].林荣远,译.北京:商务印书馆, 1997:78,238.

[41] 哈贝马斯.论欧洲的民族国家[M].逢之,译.//陶东风,金元浦,高丙中.文化研究:第2辑.天津:天津社会科学院出版社, 2001:1-19.

[42] 费孝通.居民自治:中国城市社区建设的新目标[J].江海学刊,2002(03):15-18,206.

[43] 巴伯.强势民主[M]. 彭斌,译.长春:吉林人民出版社,2006:55-81.

[44] 贾西津.中国公民参与[M].北京:社会科学文献出版社,2008:代序1-2.

[45] 王锡锌.行政过程中公众参与的制度实践[M].北京:中国法制出版社,2008:2.

[46] 陈艳珍.公共政策过程中公民参与动因分析[J].理论探索,2007(05):128-130.

[47] 蔡定剑.公众参与:风险社会的制度建设[M].北京:法律出版社,2009:5.

[48] 姜庆志,冷向明.公共危机管理中的公民参与:价值、困境与路径选择——基于社会资本范式的研究[J].理论与现代化,2012(01):42-47.

[49] 张成福,孟庆存.重建政府与公民的信任关系——西方国家的经验[J].国家行政学院学报,2003(03):79-82.

[50] 程乃胜.论对公民基本权利的制度性保障——从卡尔·施米特的"制度性保障"理论谈起[J].社会科学家,2015(01):24-29.

[51] 库珀.行政伦理学:实现行政责任的途径:第4版[M]. 张秀琴,译.北京:中国人民大学出版社,2001:11.

[52]马纯红.中华优秀传统文化责任伦理的三重维度[N].光明日报,2017-09-25.

[53] 杜峰. 当代中国公民政治参与制度化研究[D].南京:南京师范大学,2008:48-82.

[54] 王巍,牛美丽.公民参与[M].北京:中国人民大学出版社,2009:21,252,24.

[55] 佚名.这些年深圳著名的维权楼盘[EB/OL].(2015-03-14)[2019-10-19].网易.

[56] 陈鹏.从“产权”走向“公民权”——当前中国城市业主维权研究[J].开放时代,2009(04):126-139.

[57] 黄荣贵,桂勇.互联网与业主集体抗争:一项基于定性比较分析方法的研究[J].社会学研究,2009,24(05):29-56+243.

[58] 陈鹏.当代中国城市业主的法权抗争——关于业主维权活动的一个分析框架[J].社会学研究,2010,25(01):34-63+243-244.

[59] 郭于华,沈原.居住的政治——B 市业主维权与社区建设的实证研究[J].开放时代,2012(02):83-101.

[60] 熊易寒.从业主福利到公民权利——一个中产阶层移民社区的政治参与[J].社会学研究,2012,27(06):77-100+243.

[61] 朱竞若.厦门 PX 项目:续建、停建还是迁建[N].人民日报,2007-12-19(005).

[62] 海贝勒,舒耕德.从群众到公民:中国的政治参与[M].北京:中央编译出版社,2009:109.

[63] 陈天祥.公民参与:权利结构在共治中优化[N].北京日报,2016-02-29(014).

[64] 王蕾,刘敏智.城市电视台节目创新“电视问政”促进公民政治参与[J].新闻知识,2012(10):37-39.

[65] 王宁.官民协商的传统媒介再造——电视问政[N].学习时报,2013-04-29(004).

[66] 王蒙.“电视问政”对地方政府政策评估的影响分析[D].哈尔滨:黑龙江大学,2014:27-28.

[67] 李晓敏.社会治理中的新闻媒体参与研究[D].南宁:广西大学,2015.

[68] 张立荣,宋祎玮,张金庆.电视问政与城市治理创新——以武汉市电视问政

为例[J].浙江社会科学,2016(07):70-76+157.

[69] 韩万渠,沈亚平,原珂.公民在场、政府效能评价与电视问政的运行机制——以武汉市电视问政实践为例[J].理论导刊,2016(08):13-16.

[70] 宋海朋.公共能量场视阈下话语民主实现研究——以武汉市电视问政为例[J].长白学刊,2017(03):34-38.

[71] 蒋得兴,黄昱.从电视问政剖析公众参与政府治理的可行性——以南宁市《向人民承诺——电视问政》节目为例[J].法制与经济,2017(10):44-45+54.

[72] 雷开春,杨雄.互联网时代青年对公民政治参与权的认同[J].当代青年研究,2016(06):11-17.

[73] 程乃胜.论对公民基本权利的制度性保障——从卡尔・施米特的"制度性保障"理论谈起[J].社会科学家,2015(01):24-29.

[74] 桂萍. 重大行政决策之公众参与制度[D].苏州:苏州大学,2016:70-88.

[75] 杨四海,程倩. T. H. 马歇尔社会权利理论的困境与公民身份的责任转向[J].江苏师范大学学报(哲学社会科学版),2015,41(02):108-112.

[76] 杨丹华. 工具理性与价值理性的冲突及其调适[D].武汉:武汉大学,2009:135-184.

[77] 赫尔德.民主的模式[M]. 燕继荣,等,译.北京:中央编译出版社,1998:18.

[78] 俞可平.社群主义[M].北京:中国社会科学出版社,1998:72-74.

[79] 施米特.宪法学说[M].上海:上海人民出版社,2016:243-264.

[80] 丁煌.公共选择理论的政策失败论及其对我国政府管理的启示[J].南京社会科学,2000(03):44-49.

[81] 俞可平.治理与善治[M].北京:社会科学文献出版社,2000:1-15.

[82] 孙柏瑛.当代地方治理:面向 21 世纪的挑战[M].北京:中国人民大学出版社,2004:236-237.

[83] 奥斯本,普拉斯特里克.摒弃官僚制:政府再造的五项战略[M]. 谭功荣,刘

霞,译.北京:中国人民大学出版社,2002:223.

[84] 哈贝马斯.合法性危机[M].上海:上海人民出版社,2000:29.

[85] 罗森布鲁姆,等.公共行政学:管理、政治和法律的途径[M].张成福,等,校译.北京:中国人民大学出版社,2002:482.

[86] 奥斯特罗姆.复合共和制的政治理论[M].毛寿龙,译.上海:上海三联书店,1999:7.

[87] 毛寿龙.政治社会学[M].北京:中国社会科学出版社,2001:332.

[88] 亨廷顿.变动社会的政治秩序[M]. 张岱云,等,译.上海:上海译文出版社,1989:45.

[89] 阿马蒂亚・森.以自由看待发展[M]. 任赜,于真,译.北京:中国人民大学出版社,2002:3.